RICHARD N. SHROUT

SELBSTHILFE DURCH

SELBST-HYPNOSE

DER ERFOLGREICHE
WEG ZUR TIEFENENTSPANNUNG.
DURCH HYPNOSETECHNIKEN
DIE PROBLEME BEWÄLTIGEN.

Deutsche Erstausgabe

WILHELM HEYNE VERLAG
MÜNCHEN

HEYNE RATGEBER
08/9333

Aus dem Englischen übertragen
von Maria Zybak

Titel der Originalausgabe:
SELF-IMPROVEMENT THROUGH SELF-HYPNOSIS
erschienen bei Thorsons Publishing Group, Wellingborough, New York

Copyright © 1985 by Richard N. Shrout
Copyright © 1990 der deutschsprachigen Ausgabe by
Wilhelm Heyne Verlag GmbH & Co. KG, München
Printed in Germany 1990
Umschlaggestaltung: Atelier Adolf Bachmann, Reischach
Umschlagillustration: Christian Dekelver, Stuttgart
Satz: Kort Satz GmbH, München
Druck und Bindung: Presse-Druck Augsburg

ISBN 3-453-04107-0

»Ich glaube nicht, daß man in einen Menschen Gedanken hineinbringen kann, die nicht in ihm sind. Gewöhnlich sind in den Menschen alle guten Gedanken als Brennstoffe vorhanden. Aber vieles von diesem Brennstoff entzündet sich erst oder erst recht, wenn eine Flamme oder ein Flämmchen von draußen, von einem anderen Menschen her, in ihn hineinschlägt. Manchmal auch will unser Licht erlöschen und wird durch ein Erlebnis an einem Menschen wieder neu angefacht.

So hat jeder von uns in tiefem Danke derer zu gedenken, die Flammen in ihm entzündet haben. Hätten wir sie vor uns, die uns zum Segen geworden sind, und könnten es ihnen erzählen, wodurch sie es geworden sind, sie würden staunen über das, was aus ihrem Leben in unseres übergriff.«

Albert Schweitzer
(›Aus meiner Kindheit und Jugendzeit‹)

Inhalt

Vorwort 8

Erster Teil: Wer Sie sein wollen 11

Weiterentwicklung durch Selbsthypnose 14
Sie sind ein Wunderwerk der Natur 21
Die physische Einzigartigkeit 25
Die unterschiedlichen Temperamente 28
Charakterliche Unterschiede 33
Ein ganz besonderes Erbe 34
Ein Wunder auf zwei Beinen 37
Das Selbst, das Sie kennen 39
Planen Sie Ihr Selbst 47
Das Unterbewußte 52

Zweiter Teil: Die Kraft, die Sie sich zunutze machen wollen 57

Das angestrebte Selbst 60
Die Grundlagen der Selbsthypnose 92
Die progressive Entspannungsmethode 98
Die Methode der sofortigen Entspannung 103
Vorsichtsmaßnahmen, die man beachten sollte 113

Dritter Teil: Wie Sie vorgehen müssen 115

Voraussetzungen für eine fortschreitende Entwicklung 116
Selbstbild, Selbstkontrolle und positives Denken 124
Die Gestaltung Ihres Zieles 128
Das physische Selbst 128
Das moralisch-ethische Selbst 131
Das familiäre Selbst 133
Das soziale Selbst 135
Das persönliche Selbst 137
Wie Sie die Selbsthypnose in der Praxis planen 144
Wie man Suggestionen formuliert 148
Geistige ›Treffsicherheit‹ 152
Ihr Weg zum Erfolg 160

Anhang: Spirituelle Weiterentwicklung 163

›Normale‹ Schuldgefühle 165
Meditation 167
Vereinfachte Metaphysik 169
Erfahrungen mit Gott 173

Quellenverzeichnis 176
Register 179

Vorwort

Was kann Ihnen dieses Buch geben? Alles – wenn Sie es in die Praxis umsetzen! Bücher über Selbstverwirklichung und ähnliche Themen finden immer mehr Leser. Wie schon Abraham Maslow in seinem Buch ›Toward a Psychology of Being‹ sagte, gibt es einen großen Unterschied zwischen einer ›Defizitmotivation‹ und einer ›Wachstumsmotivation‹. Solange der Kampf zur Befriedigung der lebenswichtigen Grundbedürfnisse am wichtigsten ist, bleibt weder Zeit noch Interesse übrig für Erziehung, Freizeitbeschäftigungen oder Selbstverwirklichung. Die meisten Menschen in den Industriestaaten erfreuen sich heute eines im Vergleich zu ihren Vorfahren nie dagewesenen Lebensstandards und können sich heute den ›Luxus‹ leisten, sich mit verschiedenen Dingen zu beschäftigen, die sie persönlich weiterbringen.

In unserem von Wissenschaft und Technologie bestimmten Zeitalter fühlt sich der Durchschnittsmensch oft viel unzulänglicher als der primitive Mensch, der sich nur mit den Geheimnissen der Natur konfrontiert sah. Wir fühlen uns durch die unverständlichen, komplexen Technologien oft verwirrt und spüren, daß wir im Grunde machtlos sind, statt uns klüger und stärker zu fühlen. Der Wunsch des modernen Menschen nach persönlicher Macht wird in Fernsehsendungen deutlich, in denen Wesen mit außerirdischen oder magischen Kräften, die Gedanken lesen, Dinge in der Luft schweben lassen oder sich in Nichts auflösen können, die Hauptrolle spielen. Solche Wunschträume wirken beruhigend auf Menschen, die kein Ziel haben. Ernsthafte Menschen suchen nach wirklich praktikablen Wegen, um sich weiterzuentwikkeln.

Bei der heutigen Flut an Selbsthilfebüchern ist die Herausgabe eines neuen nur dadurch gerechtfertigt, daß es einen besonderen Beitrag zu diesem Thema leistet und einen bestimmten Bedarf befriedigt. Dem Erfolg stehen immer zwei ›Feinde‹ entgegen: Leere und Trägheit. Der ›leere‹ Mensch ist jemand ohne Ziel und ohne das notwendige Wissen. Der ›träge‹ Mensch lebt planlos. Charakteristisch für solche Menschen sind Untätigkeit oder fehlgeleitete Aktivitäten. Sie erwecken vielleicht den Anschein, ständig beschäftigt zu sein. Tatsächlich aber machen sie keinen einzigen Schritt auf ein vorgefaßtes Ziel hin.

Bücher zum Thema Selbstverwirklichung verfehlen ihren Zweck, wenn sie die Bedürfnisse solcher Menschen nicht berücksichtigen. Viele Bücher enthalten nur Binsenwahrheiten statt hilfreicher Informationen, und man hat den Eindruck, daß sie von Lohnschreibern verfaßt worden sind, die wenig Interesse daran haben, den Lesern wirklich einen Dienst zu erweisen. Es ist sinnlos zu sagen ›haben Sie Vertrauen‹ oder ›freuen Sie sich‹, ohne zu erklären, wie man das macht. Der große Fehler bei solchen Büchern ist, daß *ein Programm fehlt,* an das sich der Leser halten kann.

Das Buch, das Sie in der Hand haben, vermittelt Ihnen sowohl das Wissen als auch das Programm, das Sie brauchen, um Ihr persönliches Erdendasein nach Ihren Vorstellungen zu formen.

Dieses Buch liefert Ihnen wissenschaftliche Informationen und praktische Vorschläge. Ich meine, auch wenn diese Äußerung vielleicht mißverstanden wird, daß eine metaphysische Ausrichtung der Hypnose oft eher hinderlich als hilfreich ist. Ich glaube, daß die komplexen neurologischen und biochemischen Vorgänge, durch die unsere Vorstellungen und geistigen Bilder unseren Körper so nachhaltig beeinflussen – und damit auch alles andere –, ein wunderbares Anschauungsmaterial dafür sind, daß ein Schöpfer unser Wohlergehen mit unendlicher Weisheit geplant hat. Andere Menschen müssen darin absolut nicht mit mir übereinstimmen, denn die Gesetze Gottes in der Natur gelten für die Gläubigen und Ungläubigen gleichermaßen. Würde man bei Selbsthypnose oder persönlicher Weiterentwicklung darauf bestehen, daß metaphysische oder spirituelle Voraussetzungen akzeptiert werden, dann hieße das, manche Menschen bei ihrer Suche nach Erfolg und Glück unnötig zu behindern. Dieses Buch wurde deshalb so geschrieben, daß es bei möglichst vielen Lesern Anklang findet, die vielleicht mit einer eher materialistischen Einstellung an das Unterbewußte herangehen, ganz gleich, ob sie religiös geprägt sind oder nicht.

Dieses Buch ist an all jene gerichtet, die ihren Geist auf konstruktive Weise anwenden wollen. Ihnen sende ich von Herzen meine besten Wünsche.

Erster Teil

Wer
Sie sein
wollen

Ich habe mir die Überschrift zu diesem Abschnitt sehr genau überlegt. Jedes Programm zur persönlichen Weiterentwicklung steht und fällt mit der Entscheidung, wer und wie man sein möchte.

Viele Menschen haben vage Ziele, die mehr sehnsüchtigem Wunschdenken entspringen als wohlüberlegten Entscheidungen. Es wird Ihnen wenig helfen, wenn Sie davon träumen, wie Sie sein möchten, wenn Sie sich nicht dafür *entscheiden*, genau so zu werden.

Viele Menschen finden es überhaupt schwierig, Entscheidungen irgendwelcher Art zu treffen. Das kann daran liegen, daß sie sich der verschiedenen Wahlmöglichkeiten nicht bewußt sind, sich von der Vielzahl der Alternativen einschüchtern lassen oder gar nicht die Möglichkeit sehen, eine Entscheidung treffen zu können!

Das gilt besonders dann, wenn man sich ernsthaft weiterentwickeln will. Sobald die Menschen die vielen Möglichkeiten zur Weiterentwicklung nicht sehen oder sich durch zu viele Wahlmöglichkeiten gehemmt fühlen, erstarren sie in der Unfähigkeit, etwas zu entscheiden. Was noch schwerer wiegt, ist, daß sie nicht erkennen, wie wichtig es ist, hier eigene Entscheidungen zu treffen. Sie kämpfen mit der irrigen Vorstellung, daß das Leben nur aufgrund von Vererbung und Umwelteinflüssen so ist, wie es ist. Sie meinen, daß sie wegen ihrer Eltern, ihrer Kindheit oder ihrer gegenwärtigen Lebensumstände überhaupt keine andere Wahl haben. Es kommt ihnen einfach nicht in den Sinn, daß sie dabei auch etwas entscheiden können. Sie wissen nicht, daß sie ihr Leben in die Hand nehmen können, wenn sie die richtigen Entscheidungen treffen.

Sich selbst weiterzuentwickeln, ist offensichtlich ein erstrebenswertes Ziel, für das die meisten auch Interesse zeigen. Nur wenige jedoch machen sich ernsthaft Gedanken darüber. Nur die Menschen aber, die sowohl träumen als auch entscheiden können, erreichen je ihr Ziel.

Träge und leere Träumer, die nie beschließen, sich selbst weiterzuentwickeln, kann man mit drei Wörtern charakterisieren: *Versagen, Langeweile und Eintönigkeit.* Ihre Bedürfnisse mögen sie dazu veranlassen, sich in bestimmten Kursen einzuschreiben, Bücher zu lesen oder sich Studiengruppen anzuschließen, *wenn es gerade paßt.* Ohne Entscheidung und den festen Entschluß können sie aber den erträumten Zielen nie nahekommen.

Ihr Leben ist charakterisiert durch das Versagen, sich selbst und auch irgend etwas Wichtiges in ihrem Leben zu verändern. Da sie nie etwas entschieden haben, sind sie dazu verurteilt, ständig zu versagen. Da ihnen entweder das Wissen oder der Wille fehlt, wichtige Entscheidungen zu treffen, gewöhnen sie sich so an den Mißerfolg, daß sie ihn als gegeben betrachten. Versagen und Entscheidungsunfähigkeit garantieren einen kläglichen *Status quo.*

Entscheidungsunfähigkeit heißt, daß alles beim gleichen bleibt, und daraus entsteht Langeweile. Wenn man keine Entscheidungen treffen will, die das Leben wirklich verändern, dann ist es unabänderlich, daß diese schreckliche Langeweile weiterbesteht.

Ein ereignisloses Leben wird glanzlos, farblos und langweilig. Eben wegen dieser Eintönigkeit werden sich viele Menschen dessen bewußt, daß sie sich selbst weiterentwickeln müssen. Wenn sie aber nicht erkennen, daß die Eintönigkeit und Langeweile, die sie erleben, das Ergebnis nicht gefällter Entscheidungen sind, etwas zu verändern, werden sie wahrscheinlich überhaupt nie eine Entscheidung fällen.

Von persönlicher Weiterentwicklung zu träumen ist nutzlos, wenn es nicht dazu führt, Entscheidungen zu treffen. Dabei geht es nicht um die Entscheidung, ›etwas zu ändern‹, sondern etwas auf eine ganz bestimmte Art zu ändern. Es ist wirklich wichtig, daß Sie (detailliert genug) entscheiden, wie Sie sein wollen. Der Zweck dieses Buches ist es, Ihnen dazu zu verhelfen, ein Programm zur Selbstverwirklichung anzufangen und erfolgreich durchzuführen.

Sie müssen also *entscheiden,* wie Sie sein wollen. Dieses Buch will Ihnen dabei helfen. Lesen Sie es aufmerksam. Es wird Sie zum Nachdenken, Meditieren und zu konstruktiven Träumen darüber anregen, wie Sie werden können, wenn Sie die hier vorgeschlagenen Regeln praktisch anwenden. Bevor Sie aber den ersten Schritt in diese Richtung tun, müssen Sie sich entscheiden und innerlich fest entschlossen sein, dieses Ziel zu erreichen.

Weiterentwicklung durch Selbsthypnose

Studien, in denen die Gründe für berufliches Versagen analysiert wurden, weisen darauf hin, daß ein derartiges Versagen viel öfter durch persönliche Schwächen bedingt ist als durch mangelndes Wissen oder zu geringe berufliche Qualifikation. In wirtschaftlich stabilen Zeiten ist es meist die Unfähigkeit, mit anderen auszukommen, die jeweils hinter Entlassungen und Versetzungen steckt. Wir sollten deshalb schon aus wirtschaftlichen und beruflichen Gründen ein großes Interesse an einem effektiven Programm zur persönlichen Weiterentwicklung haben.

Ein Versagen in der Schule ist sowohl für die Eltern als auch für den Staat ein Grund zur Sorge; Schulabgänger sind oft unreif, ihre Ausbildung ist oft ungenügend. Autorität nicht anerkennen, Frustrationen nicht ertragen und mit den anderen nicht zusammenarbeiten zu können führt zu Lernschwierigkeiten, wodurch die persönliche Frustration dann noch größer wird. Viele Studenten brechen ihr Studium wegen persönlicher Probleme ab, die in keinem Verhältnis zu ihrer intellektuellen Fähigkeit oder Unfähigkeit stehen. Das Problem von Menschen, die ihre Ausbildung abbrechen, liegt oft in dem lebenslangen Gefühl des Versagens und der Unzulänglichkeit. Wir lernen unser ganzes Leben lang, und wenn wir es zulassen, daß dieser Prozeß durch persönliche Probleme behindert wird, schaffen wir dadurch Mißerfolge, die wiederum unserer Persönlichkeit schaden. Wir sollten auf Programme zur persönlichen Weiterentwicklung großen Wert legen, um immer weiter wachsen und uns nützliches Wissen aneignen zu können.

Viele Ehestreitigkeiten und Scheidungen haben ihre Wurzeln in den Persönlichkeitsproblemen eines oder beider Partner. Finanzielle Schwierigkeiten, seelische Grausamkeit, Probleme mit den Verwandten des Partners usw. sind nur oberflächliche Rationalisierungen, die auf die Gegensätzlichkeit ungenügend entwickelter Persönlichkeiten hinweisen. Unreife und neurotische Menschen werden immer Probleme haben in Beziehungen, wo es auf Verzicht, Kompromisse und Verantwortung ankommt. Solche unglücklichen Verbindungen setzen sich leider oft im Leben der Kinder fort, deren Persönlichkeit sich dadurch nicht entwickeln kann, daß sie unerbittlich in diesen tragischen Leidenskreislauf mit hineingezogen werden. In der Bibel heißt es, daß die Kinder bis zur vierten und fünften Generation für die Sünden der Eltern ›bestraft‹ werden. Das Unwissen der Eltern und persönliche Schwächen werden normalerweise den hilflosen und für alle Eindrücke empfänglichen Kindern aufgebürdet. Eines der größten Probleme der westlichen Zivilisation ist der Zusammenbruch der Familie mit all seinen unheilvollen Auswirkungen auf zukünftige Generationen, die ohne eine liebevolle Erziehung durch ausgeglichene Erwachsene aufwachsen müssen. Man muß nicht noch weiter ausholen, um die Notwendigkeit eines effektiven Programms zur persönlichen Weiterentwicklung zu sehen.

Mit diesem Exkurs über Persönlichkeitsprobleme wollte ich zeigen, daß solche Schwierigkeiten nicht nur die unmittelbar darunter Leidenden betreffen, sondern auch ihre Umwelt. Jedes Persönlichkeitsproblem beeinflußt in unserer zivilisierten Welt auch das Leben vieler anderer Menschen durch unsere zwischenmenschlichen Beziehungen, und es wird durch Familie, Schule, berufliche Tätigkeit und soziale Kontakte des einzelnen Menschen auf einen immer größer werdenden Bereich der Gesellschaft projiziert. Der Zerfall der Gesellschaft und der individuellen Persönlichkeit sind unentwirrbar miteinander verbunden, und es ist fast unmöglich, bei diesem kollektiven und individuellen Leiden die Grenze zwischen Ursache und Wirkung zu ziehen. Man sollte die Bedeutung solcher Persönlichkeitsprobleme nicht unterschätzen. Wie wichtig es ist, diese Mängel zu korrigieren, kann nicht hoch genug eingeschätzt werden.

Die sogenannte ›Ich-Generation‹ der 70er Jahre betrachtete ›Programme zur persönlichen Weiterentwicklung‹ als Luxus, Flucht vor der Langeweile oder egozentrische Übungen im Sichgehenlassen. Ernsthafte Programme dieser Art finden aber bei Menschen der heutigen Zeit immer mehr Interesse. Das ständig größer werdende Angebot an Kursen zur Erwachsenenbildung, Selbsthilfebüchern und Rhetorikkursen bestätigt die Notwendigkeit und den Wunsch vieler Zeitgenossen, ernsthaft an ihrer persönlichen Weiterentwicklung zu arbeiten, und das nicht nur, um ein besserer Mensch zu werden, sondern um darüber hinaus auch die Welt zum Besseren zu verändern.

Seine beruflichen Fähigkeiten zu verbessern, Wissen zu erwerben und die eigene Kultur zu bereichern sind alles sehr wertvolle Ziele. Was aber am wichtigsten ist, ist die Weiterentwicklung des Menschen zu einer gesunden, ausgeglichenen Persönlichkeit.

Die eigene Bereitschaft zur Verteidigung des gegenwärtigen Zustands macht jede Veränderung schmerzvoll und bedrohlich, und es gibt Zyniker, die meinen, daß jede ›Weiterentwicklung‹ nur aus Selbsttäuschung und Scheinheiligkeit besteht. Man könnte behaupten, daß diese Art von Skeptizismus entweder eine rationalisierende Art der Verteidigung oder eine von Bitterkeit geleitete Unterstellung gegenüber den Menschen ist, die versuchen, mit ihrem Leben besser zurechtzukommen. Wahrscheinlich erlebt jeder Mensch, wenn er ehrlich über sich selbst nachdenkt, ›Momente der Wahrheit‹, die zu schmerzlich oder zu intim sind, um sie mit anderen zu teilen. Solche Erkenntnisse werden sicher von den meisten Menschen verdrängt oder ignoriert. Es gibt aber auch Menschen, die entweder aus eigener Entschlußkraft oder aus Verzweiflung wirklich dazu bereit sind, sich weiterzuentwickeln, nach welcher Methode und mit welchen Mitteln auch immer. Weiterentwicklung ist keine Illusion, sondern ein auf vielerlei Weise mit einem ausgearbeiteten Programm erreichbares Ziel. Hypnotherapeutische Anleitung und eine gut geplante Selbsthypnose sind mit die besten und wirkungsvollsten Hilfsmittel bei ernsthaften Programmen zur persönlichen Weiterentwicklung.

Bei der bewußten Entwicklung der Persönlichkeit gibt es offenbar zwei Komponenten: Selbsterkenntnis und Selbstdisziplin. Wird eine der beiden vernachlässigt, ist der Mißerfolg schon von vornherein vorprogrammiert und zwar unabhängig davon, nach welcher Methode man vorgeht. Viele Selbsthilfebücher sind derart oberflächlich, daß man keinen Nutzen davon hat, weil das Schwergewicht auf ›schnell, leicht und todsicher‹ liegt. Diese Adjektive gelten nur dann, wenn die Techniken der Selbstdisziplin auf einer soliden Grundlage an Selbsterkenntnis stehen.

Es sind verschiedene psychologische Testmethoden entwickelt worden, die, wenn sie von ausgebildeten Psychologen durchgeführt werden, das Ausmaß und die Tiefe der Selbsterkenntnis unschätzbar bereichern können. Durch gründliche, objektive Tests der Fähigkeiten und Interessen und die Erforschung der eigenen Psychodynamik durch Projektionstests kann ein Programm zur Weiterentwicklung ausgearbeitet werden. Die Aufwendungen für solche schriftlichen psychologischen Auswertungen lohnen sich für die, die sich ernsthaft mit Selbsterkenntnis befassen. Eines der wirksamsten Mittel, um die kausalen und mitwirkenden Faktoren zu erforschen, die hinter vielen Persönlichkeitsproblemen stehen, ist die Hypnoanalyse. Bei einem einfachen Selbsthilfeprogramm sind aber weder die Hypnoanalyse noch umfangreiche Tests nötig – es sei denn, das Problem ist äußerst ernst.

Die Willenskraft allein ist für die meisten Menschen ein unzureichendes Mittel, um ihr Leben zu ändern. Beruht die Selbstdisziplin nur auf Willenskraft, wird für die meisten Menschen daraus lediglich eine deprimierende Enttäuschung. Auch wenn sie einen Plan haben und wirklich motiviert sind, ist der Leistungsdruck zu groß, als daß sie ihr Ziel durch Willenskraft allein erreichen könnten. Menschen mit Persönlichkeitsproblemen haben normalerweise nicht die Charakterstärke, ihre unzureichenden Verhaltensmuster ständig einer Disziplin zu unterwerfen. Gerade in dieser Hoffnungslosigkeit (der unzulänglichen Willenskraft) bei der persönlichen Weiterentwicklung gibt einem die Hypnose ein beachtliches Maß an Ermutigung.

Emile Coué hat seine ›Gesetze der Suggestion‹ in den 20er Jahren dieses Jahrhunderts formuliert, und seither hat man wenig entdeckt, was sie ändern oder erweitern könnte. Sein grundlegender Lehrsatz war, daß die Vorstellung stärker ist als der Wille und daß, wenn beide sich einander widersprechen, die Vorstellung stets die Oberhand behält! So wird es einem durch Willenskraft zum Beispiel nicht gelingen, Diät zu halten, wenn man fettes Essen in der Vorstellung als angenehm betrachtet. Nur wenn einem die Vorstellung die verbotenen Nahrungsmittel buchstäblich als Fett veranschaulicht oder als völlig künstlich und krankheitserregend, ist man überhaupt fähig, sie durch Willenskraft nicht zu sich zu nehmen. Die von Coué entdeckten Prinzipien sind ganz klar: Die Vorstellung ist stärker als der Wille, und es stellt sich nur ein Erfolg ein, wenn beide übereinstimmen.

Minderwertigkeitsgefühle, Schüchternheit und andere Persönlichkeitsmängel basieren auf der Kraft der Vorstellung und bestehen durch sie weiter. Deshalb kann man solche Probleme durch Willenskraft allein nicht lösen. Die Willenskraft ist eine Funktion des Bewußtseins, die immer dem Unterbewußtsein ausgeliefert ist. Auf dieser elementaren Wahrheit basieren die Techniken der Hypnotherapie und Selbsthypnose, und weil sie die Vorstellungskraft des Unterbewußtseins benützen und manipulieren, sind sie das wirksamste Mittel, um die Willenskraft eines Menschen zum Tragen zu bringen. Die Selbsthypnose verdient also größte Beachtung bei jedem Programm zur persönlichen Weiterentwicklung, das Wirkung zeigen soll.

Die Gewohnheiten eines Menschen stellen entweder die beste Zeitstruktur und Verwendung der Energie dar oder eine Form von schlecht angepaßten, konditionierten Reaktionen, die das Frustrationsniveau ständig erhöhen. Menschen mit Persönlichkeitsproblemen agieren und reagieren normalerweise auf eine Art, die andere Menschen verletzt oder verunsichert; die natürliche Antwort auf ein solches Verhalten bedeutet für diese Menschen dann eine Abfuhr. Diese unerwünschte feindliche oder gleichgültige Reaktion anderer auf die eigenen störenden Verhaltensmuster bedeutet ein sehr großes Unglück für die, die unter dem Zwang ihrer unzulänglichen Persönlichkeitsstruktur handeln. Ihre zwischenmenschlichen Beziehungen zu anderen führen ständig zu Ärger, Verstimmung und Mißverständnissen. Diese Reibungen verursachende Gewohnheit kann alles sein von einem physischen Manierismus bis zu einem Gefühl der Überlegenheit und Bigotterie. Viele Menschen haben überhaupt kein Gespür dafür, welche unguten Gefühle sie durch ihre eigenen Denk- und Verhaltensmuster auslösen. Sie sehen ihre Fehler nicht, ihre Heftigkeit, Intoleranz, Ungeduld und Ungeselligkeit. Viele Menschen sind auch dann unfähig, sich zu ändern, wenn ihre Schwächen aufgedeckt und klar definiert werden.

Das Problem und seine Ursachen zu erkennen heißt nicht, daß man dann auch weiß, wie man es lösen kann. Die Selbsthypnose ist ein Mittel, die eigene Vorstellungskraft zu mobilisieren, um ein Ziel zu erreichen (die meisten Menschen erleben das als eine ›Stärkung der Willenskraft‹) und seine Motivation dazu auf dem bestmöglichen Niveau zu halten.

Einfach ausgedrückt: Man kann die emotionalen Reaktionen durch Selbsthypnose neu konditionieren. Negative Reaktionen wie Minderwertigkeitsgefühle, Mißtrauen, Schüchternheit usw. können durch positive wie Vertrauen, Mut, Fröhlichkeit, Toleranz, Freundlichkeit usw. ersetzt werden. Eine derartige Änderung der Reaktionen kann man durch Selbsthypnose relativ leicht erreichen. Man sollte in diesem Zusammenhang auch nicht den oft mißverstandenen Begriff des ›Symptomersatzes‹ gebrauchen, denn der theoretische Rahmen dieser Methode folgt der modernen Verhaltens- und Lerntherapie. Solche negativen Reaktionen kommen zwar bei konditionierten Reflexen in der Praxis sehr häufig vor, sollten aber keinesfalls als unabänderliche Eigenschaften betrachtet werden. Daß sie veränderbar sind, steht in Einklang mit den Gesetzmäßigkeiten der Lerntheorie, durch die das Verhalten beeinflußt wird, und mit der Erfahrung unzähliger Menschen, die bei sich selbst in der Entwicklung große Fortschritte durch Selbsthypnose erreicht haben.

Sie sind ein Wunderwerk der Natur

Es gibt zwei gedankliche Konzeptionen über die Menschheit, die einander auf den ersten Blick entgegengesetzt sind, und dennoch sind beide für die fortschreitende Entwicklung der Gemeinschaft oder des Individuums nötig. Der eine Begriff ist die *Bruderschaft*, der auf der verstandesmäßigen Erkenntnis der *Einheit* des Menschengeschlechts beruht. Der andere ist die *Individualität,* die auf der verstandesmäßigen Erkenntnis gründet, daß die menschliche Familie ungemein vielfältig ist.

Brüderliche Verbundenheit und Individualität sind unsere emotional gefärbten Werte, die sich auf wissenschaftliche Fakten über die Einheit der Menschen und die Einzigartigkeit jedes menschlichen Wesens gründen. Das sind nicht sentimentale Anschauungen, sondern durch unbestreitbare Tatsachen begründete Begriffe.

Die Anthropologie macht deutlich, daß die Menschheit bei aller Verschiedenheit der Klimazonen und Kulturen eine Einheit ist. Trotz aller Sprachbarrieren und Unterschiede in den Gesellschaftssystemen, in Rasse und Religion, sind die Menschen im Grunde genommen überall auf der Welt gleich. Der Mensch hat über Jahrhunderte hinweg bewiesen, daß er trotz Wildheit oder Zivilisation, Totempfählen oder Technologien den anderen Menschen ähnlich ist. Die ständig sich verbessernden Reise- und Kommunikationsmöglichkeiten machen es dem zivilisierten Menschen immer deutlicher bewußt, daß er seinen Anspruch auf Überlegenheit wegen oberflächlicher Unterschiede nicht aufrechterhalten kann. Die Einheit der Menschen ist eine unbestreitbare wissenschaftliche Tatsache. Ungeachtet der vielen schrecklichen Beispiele, die es in der Geschichte für das alte lateinische Sprichwort: ›Homo homini lupus‹ (›der Mensch ist des Menschen Wolf‹) gibt, ist es doch eine Tatsache, daß alle Menschen im Guten wie im Bösen Brüder sind. Es gibt keinen ›vertierten‹ Menschen; es ist einfach so, daß die menschliche Natur sich manchmal als schmutzig, entwürdigt und abstoßend darstellt. Die menschliche Natur scheint aus einer Mischung von Animalischem, einem bestimmten Maß an Teuflischem und Engelhaftem zu bestehen. Sowohl in erhabener Vollendung wie auch in gemeinem Verhalten und Niederträchtigkeit sind die Menschen derart gleich, daß der mit Vorurteilen behaftete Betrachter aus der Fassung geraten sollte.

Aus der verstandesmäßigen Akzeptanz der wissenschaftlich begründeten Tatsache, daß die Menschheit eine Einheit ist, hat sich eine ethische Konsequenz entwickelt: das Gefühl für Brüderlichkeit. Sowohl die Natur als auch die Moral sagen uns ganz klar, daß wir alle wirklich ›Brüder und Schwestern‹ sind. Daß die Menschen eine Einheit darstellen, ist unbestreitbar, ebenso wie die logische Wechselbeziehung der Brüderlichkeit unter den Menschen.

Es ist für jeden Fortschritt, ob gemeinschaftlich oder individuell, von größter Bedeutung, diese Konzeption der Brüderlichkeit zu akzeptieren. Nur wenn wir diese Brüderlichkeit akzeptieren, werden wir erkennen, daß unsere Ausbeutung und Aggressivität sich schließlich gegen uns selbst richten, und die Vorteile und Möglichkeiten einer gutwilligen Zusammenarbeit werden immer attraktiver werden.

Die zweite gedankliche Konzeption über die Menschheit, die für den Fortschritt ebenso notwendig ist, ist die der Individualität. Erst wenn Sie diese Konzeption von Grund auf verstehen und von ganzem Herzen akzeptieren, können Sie in Ihrem Programm zur Selbstverwirklichung entscheidende Fortschritte machen. Wenn Menschen die Einheit und Bruderschaft aller Menschen aufgrund von Vorurteilen und Bigotterie nicht wahrnehmen, so führt auch die Unkenntnis um die Individualität und Einzigartigkeit jedes menschlichen Wesens zur Tragödie eines vergeudeten, negativen und verschwendeten Lebens. Jede persönliche Weiterentwicklung ist ein unerreichbares Ideal, wenn Sie nicht zumindest erahnen, daß Sie *einzigartig* sind, denn diese Einzigartigkeit ist die Hoffnung auf ein unbegrenztes Potential.

Alle Menschen sind gleich – und jeder ist anders! Obwohl sie sich anscheinend widersprechen, sind beide Behauptungen wissenschaftlich richtig und philosophisch gültig. Es ist eine duale Wahrheit, die all jenen ›Brennmaterial und Feuer‹ liefert, die den ernsthaften, festen Wunsch haben, sich zu verändern und so zu werden, wie sie sein möchten. Leider geben sich die meisten Menschen mit dem *Status quo* zufrieden, mit der Eintönigkeit. Solange sie sich in der Gleichförmigkeit wohl fühlen, wird ihr Leben von Ziellosigkeit, Eintönigkeit, Unglück und Versagen geprägt sein.

Solche Menschen haben die Lektion, daß alle Menschen Brüder sind, gut gelernt, sie sind dadurch aber nicht nur zivilisierter, sondern auch selbstgefälliger geworden. Ohne das Gegengewicht der komplementären Wahrheit von Einzigartigkeit und Individualität messen sie sich selbst nur an den Normen der anderen. Sie werden so daran gehindert, anders zu werden, sich auch in positiver Weise von der Masse anderer netter, wenn auch selbstgefälliger Menschen zu unterscheiden.

Die Tatsache, daß alle Menschen Brüder sind und gleich, ist jedem von uns als Erbe mitgegeben. Individualität und Einzigartigkeit aber sind seine Bestimmung!

Man wird in seinem Leben sehr oft daran erinnert, daß man genau so ist wie andere (nicht besser und nicht schlechter), und das ist auch gut so, denn dadurch entwickelt der Mensch ein Gefühl der Brüderlichkeit gegenüber seinen Mitmenschen. Er wird auf diese Weise zivilisiert, sozial und menschlich. Sofern Sie aber kein Fanatiker sind, der an die Überlegenheit ›seiner‹ Gruppe glaubt, muß die Einheit und Bruderschaft der Menschen nicht noch weiter betont werden. Davon haben Sie ja schon genug gehört.

Es ist zu hoffen, daß Sie jetzt nichts mehr dagegen haben, daß Ihre Individualität als eine Differenzierung auf hohem Niveau (Einzigartigkeit) beschrieben wird und weniger als eine auf niedrigem Niveau (Gleichheit). Die Bibel sagt: »Wenn nun das Licht, das in dir ist, Finsternis ist, wie groß wird dann die Finsternis sein!« (Ev. Matth. 6, Vers 23) Diesen Satz könnte man hier so umschreiben: »Wenn deine Einzigartigkeit sich nur in Gleichheit manifestiert, wie mittelmäßig ist dann deine Individualität!«

Manche Menschen sind so neurotisch und unsicher, daß ihr einziges Lebensziel darin besteht, sich auf das Niveau durchschnittlicher Mittelmäßigkeit vorzuarbeiten, wo sie den anderen Durchschnittsmenschen gleich sind und sich deshalb sicher fühlen. Solche Menschen brauchen wahrscheinlich eher eine verständnisvolle Beratung oder eine Psychotherapie als ein Programm zur persönlichen Weiterentwicklung. Wenn Sie ärztliche Hilfe brauchen, um mit Ihrem Leben zurechtzukommen, dann sollten Sie sie unbedingt in Anspruch nehmen. Wenn Sie aber über das Mittelmaß hinauskommen wollen, dann ergreifen Sie die Initiative. Die Bemerkung, daß »der Durchschnittsmensch beträchtlich unter dem Durchschnitt rangiert«, ist wahrscheinlich zu zynisch. Ihr Ziel bei einem Programm zur persönlichen Weiterentwicklung sollte sein, so weit wie möglich zu kommen, was sicher weit mehr als ›durchschnittlich‹ bedeutet.

Es ist eine Tatsache, daß jeder Mensch einzigartig ist und das Potential in sich trägt, sich weiterzuentwickeln. Da Ihre Einzigartigkeit als menschliches Wesen die Basis Ihres nicht erkannten Potentials ist, müssen Sie absolut davon überzeugt sein, daß Sie ein ganz besonderer Mensch sind. Sie müssen, um ein wirksames Programm zur persönlichen Weiterentwicklung auszuarbeiten, durch das Sie sich in vieler Hinsicht über das Mittelmaß erheben wollen und manchmal auch weit mehr, ein klares Verständnis für Ihre einzigartige Individualität und Ihr unermeßliches Potential haben.

Die physische Einzigartigkeit

Es ist unbestreitbar, daß verschiedene Rassen und Völkergruppen sich durch körperliche Merkmale von anderen Rassen, Nationalitäten und Volksgruppen unterscheiden. Auch manche Gruppen von Menschen haben solche entscheidenden Merkmale, durch die man den einzelnen ihr zuordnen kann. Dennoch unterscheidet sich jeder Mensch auf der Welt körperlich auf vielerlei Weise von den anderen.

Wenn man hinter die oberflächlichen Gemeinsamkeiten der Menschen innerhalb einer Gruppe blickt, wird deutlich, daß jeder sich körperlich von den anderen seiner Gruppe und von denen, die nicht dazugehören, unterscheidet. Wem ist es noch nicht passiert, daß er im Gewühl der Menschen auf jemanden zustürzt, um ihn zu begrüßen und dann verärgert feststellt, daß es ein Fremder ist, der nur äußerlich einem Freund ähnelte. Auch bei sogenannten ›Doubles‹ ist die Ähnlichkeit nur oberflächlich. Wenn sich der Mensch bewegt oder spricht, ist die Illusion dahin, die Unterschiede treten ganz klar zutage.

In diesem Zusammenhang ist es interessant, auf die frühen Versuche hinzuweisen, die man zur systematischen Überführung von Verbrechern entwickelte. Sie basierten auf einer Reihe von Körpermaßen (wie der Länge bestimmter Finger, der Nase, der Oberlippe, des Ohrs usw.) und man hoffte, mit diesen Maßen eine verläßliche Grundlage für die Identifikation zu haben. (Es kann sein, daß bei vielen Menschen die ersten beiden Glieder des Mittelfingers der linken Hand gleich lang sind. Kombiniert man diese Daten aber mit der Länge der Nase, des Mundes, des Schienbeins usw., wird es immer unwahrscheinlicher, daß man zwei Menschen findet, die in jeder Hinsicht darin übereinstimmen.) Das wäre sicher von Nutzen gewesen, wenn man die anatomischen Merkmale bei genügend vielen Menschen gemessen hätte und die Untersuchungen auch mit entsprechender Genauigkeit durchgeführt worden wären. Es war jedoch eine recht beschwerliche Methode, die sich von der ursprünglichen Genialität immer mehr entfernte. Deshalb hat die Identifizierung durch Fingerabdrücke als unfehlbare Methode, alle Menschen auf der Welt zu unterscheiden, die anthropologischen Messungen ersetzt.

Es hilft einem manchmal sehr, seine Hände anzusehen und sich bewußt zu machen, daß die zarten Linien auf *jedem* Finger mit keinem eines anderen Menschen auf dieser Welt identisch sind! Damit kann man sich jederzeit vergegenwärtigen, daß man unter allen Menschen einzigartig ist.

Die Einzigartigkeit der Fingerabdrücke wird in amerikanischen Kindergärten herangezogen, um ein Selbstwertgefühl aufzubauen. Es wird den Kindern erklärt, wie Namensschilder bei Erwachsenen bestimmte Funktionen ausdrücken. Sie wissen, daß sie durch ihren Namen identifiziert werden, andere Kinder aber vielleicht den gleichen Namen haben. Man erklärt ihnen, daß jeder eine ganz eigenständige Person ist, auch wenn er den gleichen Namen hat. Da sie noch nicht lesen können, bekommt jeder ein Schild, auf dem steht ›I. M. Sowieso‹ mit ihrem Daumenabdruck und ihrem Namen. Dadurch wird die Einzigartigkeit jedes einzelnen Kindes betont. (Um vermißte Kinder besser identifizieren zu können, bietet die Polizei in den USA den Eltern an, die Fingerabdrücke ihrer Kinder zu nehmen.)

Man nimmt auch an, daß ›Stimmabdrücke‹ (die Aufnahme elektrischer Reize der menschlichen Stimme) als Identifizierungsmerkmal eines Menschen dienen können. Auch das mit speziellen Instrumenten sichtbare Muster der Netzhaut des Auges wird als unfehlbares Identifizierungsmerkmal eingestuft. Gerichtsmediziner entdecken immer neue Wege, individuelle Unterschiede bei Körperflüssigkeit wie Blut, Speichel, Samen usw. mittels der Elektronenmikroskopie bei Enzymen, Chromosomen usw. festzustellen. Im Vergleich zu Technologien, die in der Zukunft entwickelt werden, sind unsere gegenwärtigen Methoden eher grob. Es ist dennoch klar, daß zwischen den einzelnen Menschen unzählige Unterschiede bestehen, die fast unfaßbar sind.

Sehen Sie sich noch einmal die zarten Linien auf Ihren Fingerkuppen an. Machen Sie sich bewußt, daß Sie sich wirklich von jedem Menschen auf der Welt unterscheiden, sei er lebend oder tot oder noch ungeboren. Sie sind wirklich einzigartig!

Weniger gut meßbar, wenn auch nicht weniger wichtig sind die Unterschiede bei den einzelnen Menschen in ihrer Wahrnehmung der sie umgebenden Welt. Wir denken sehr selten daran, aber es liegt auf der Hand, daß zwei Menschen nicht zur gleichen Zeit auf genau dem gleichen Platz stehen können. Ein Photo, das zwei Menschen zur gleichen Zeit von dem gleichen Objekt machen, ist nicht identisch, denn die Perspektive ist natürlich immer etwas anders. Da zwei Menschen nicht im gleichen Moment an der gleichen Stelle sein können, können sie auch nicht zur gleichen Zeit dasselbe sehen! Jeder Mensch nimmt die Dinge an seinem oder ihrem Punkt in Zeit und Raum wahr, und diese Wahrnehmung ist für jeden Menschen in dem jeweiligen Moment einzigartig. Wir können deshalb mit gutem Gewissen sagen, daß jeder Mensch seine Umgebung auf seine ganz einzigartige Weise wahrnimmt.

Die unterschiedlichen Temperamente

Zwei Menschen können wahrscheinlich nie genau die gleichen Erfahrungen machen. Manche können das schwer verstehen, denn man weiß doch, wie ›man sich fühlt‹, wenn man liebt, haßt, ärgerlich ist oder eifersüchtig. Es ist aber keinesfalls zu beweisen, daß zwei Menschen je zur gleichen Zeit dasselbe Gefühl gehabt haben. Jeder kennt Kopfschmerzen, aber es gibt keine zwei Menschen, die je die gleichen Kopfschmerzen gehabt haben. Keiner kann die Schmerzen eines anderen an sich selbst spüren. Jeder weiß, wie ein Apfel schmeckt, aber keiner kann wissen, wie er einem anderen schmeckt, nicht einmal, wenn er vom gleichen Apfel abbeißt! Das gleiche gilt logischerweise für jede Wahrnehmung und jedes Gefühl.

Es war mir ein Anliegen hervorzuheben, daß alle Menschen Brüder und gleich sind, und ich wollte nicht die Einzigartigkeit eines jeden betonen. Ein Beispiel dazu habe ich im ›Kaufmann von Venedig‹ von Shakespeare gefunden, als er Shylock sagen läßt:

»Ich bin ein Jude. Hat nicht ein Jude Augen? Hat nicht ein Jude Hände, Gliedmaßen, Werkzeuge, Sinne, Neigungen, Leidenschaften? Mit derselben Speise genährt, mit denselben Waffen verletzt, denselben Krankheiten unterworfen, mit denselben Mitteln geheilt, gewärmt und gekältet von ebendem Winter und Sommer wie ein Christ? Wenn ihr uns stecht, bluten wir nicht? Wenn ihr uns kitzelt, lachen wir nicht? Wenn ihr uns vergiftet, sterben wir nicht? Und wenn ihr uns beleidigt, sollen wir uns nicht rächen? Sind wir euch in allen Dingen ähnlich, so wollen wir's euch auch darin gleichtun.«

Shylock ist eine der abstoßendsten Gestalten in der ganzen Literatur; diese Stelle ist aber kein Beispiel für Antisemitismus, wie manche meinen. Ganz im Gegenteil, sie will zeigen, daß die grundlegenden Dinge bei allen Menschen gleich sind, auch was negative Gefühle wie Rache betrifft. Es könnte genausogut heißen: »Hat nicht ein Eskimo (oder irgendeine andere Gruppe von Menschen) Augen?« usw. Damit wird nichts über die Einmaligkeit der Gefühle eines jeden Menschen ausgesagt.

Obwohl alle Menschen die gleichen Bedürfnisse und Triebe haben und sehr ähnliche und vorhersagbare Reaktionen zeigen, steht doch auch fest, daß es bei aller offensichtlicher Ähnlichkeit unzählige Varianten gibt. Obwohl es nichts gibt was universeller wäre als Schmerz, muß man nicht groß nachdenken, um sich darüber klar zu werden, daß kein Mensch jemals den gleichen Schmerz erlebt wie ein anderer, ebensowenig wie Haßgefühle oder Liebe. *Ihr eigenes Leben ist immer so einmalig wie Ihre Fingerabdrücke und wird es immer sein!*

Die Vertreter der ›Positionspsychologie‹ messen der ›Rangfolge‹ innerhalb der Familienstruktur, in die ein Kind hineingeboren wird, große Bedeutung bei. Sie hat ihrer Meinung nach einen tiefgreifenden Einfluß auf die Persönlichkeitsentwicklung. Das heißt, daß die Erwartungen der Eltern und wie sie das älteste Kind behandeln nicht damit identisch ist, wie sie das jüngste behandeln usw. Die frappierende Schlußfolgerung daraus ist, daß jedes Kind in der gleichen Familie seine Umgebung anders erlebt!

Außerdem gibt es in jeder Familie nicht nur eine Beziehung zwischen zwei Menschen (den Eltern), sondern auch zwischen zwei Generationen (den Eltern und den Kindern). Wenn Sie sich die Zeit nehmen und darüber nachdenken, werden Sie feststellen, daß tatsächlich niemals zwei Kinder in der gleichen Umgebung aufwachsen. Das gilt für jeden Umstand, der in irgendeiner Weise von Bedeutung ist. Wenn Eltern sagen: »Wir behandeln alle Kinder gleich«, sind sie zwar aufrichtig, sprechen aber andererseits etwas psychologisch gesehen Absurdes aus.

Ich selbst habe einen älteren Bruder, und die oben erwähnten Tatsachen wurden bei einem Familientreffen, das kürzlich stattgefunden hat, auf dramatische Weise in den Mittelpunkt gerückt. Wir sprachen miteinander über bestimmte Aspekte unserer Kindheit, aber je länger wir darüber diskutierten, um so verwirrter wurden wir. Es sah so aus, als ob wir uns in keinem Punkt unserer gemeinsam erlebten Kindheit einigen könnten! Es war, als ob wir in verschiedenen Familien und verschiedenen Städten gelebt hätten. Wir waren anderer Meinung über die Stadt, über unsere Nachbarn und unsere Großeltern. Wir waren praktisch nie der gleichen Meinung! Wir schauten uns erstaunt an und fragten uns, warum wir uns an unsere gemeinsamen Kindheitserfahrungen weder erinnern noch sie beschreiben konnten.

Schließlich kamen wir dahinter, woran es lag. Es gab immer einen Altersunterschied von sechs Jahren und, obwohl ich als Kind geglaubt hatte, daß ich eines Tages schnell genug wachsen würde und wir dann gleich alt wären, wurde mir doch bald klar, daß es nie so sein würde. Egal wie alt ich werden würde, mein Bruder würde immer sechs Jahre älter als ich sein. Wir verglichen unsere Erinnerungen an verschiedene Ereignisse, und mein Bruder sah die ›gleichen‹ Dinge mit den Augen eines Zwölfjährigen, während ich mich an sie vom Standpunkt eines Sechsjährigen aus erinnerte. Diese unterschiedliche Sichtweise galt natürlich für alles. Allein aus diesem Grund hatten wir sozusagen immer in verschiedenen Welten gelebt. (Wir sind sehr verschieden und sind beide froh, daß es so ist!)

Durch seine Position in der Familie und die Tatsache, daß es seine Umgebung von einem anderen Niveau der Entwicklung aus sieht, ist jedes Kind in einer Familie ein ausgeprägtes Individuum. Auch ist jedes Kind anders in seinem Bedürfnis nach Beweisen der Zuneigung, seinem Gefühl von Geborgenheit, seinen Reaktionen auf Streß und in tausenderlei Dingen mehr. Kluge Eltern oder Lehrer achten bei allen Kindern auf diese ganz persönliche Struktur in der Entwicklung und den Bedürfnissen.

Auch Ehepartner, die einander sehr vertraut sind und alles in ›inniger Gemeinschaft‹ miteinander teilen, erfahren ihre Umgebung nicht auf die gleiche Weise. (Das heißt, sie teilen zwar anscheinend das ›gleiche‹ Leben, aber jeder von ihnen nimmt es auf verschiedene Weise wahr.) Ein aufmerksamer Beobachter wird beispielsweise feststellen, daß Menschen, die zusammen leben, nicht einmal das gleiche essen. Das Ritual des Einkaufens von Lebensmitteln und ihre Zubereitung wird zwar während der ganzen Zeit fast nie verändert. Die beiden Menschen essen aber nicht gleich große Portionen, der eine läßt ein bestimmtes Gemüse immer weg oder salzt das Essen nach, während der andere lieber Pfeffer nimmt, jeder bevorzugt ein anderes Getränk, usw.

Wenn Ehepartner nicht einmal das gleiche essen, sollte es einen nicht wundern, wenn sie nicht die gleichen Gedanken haben. Da sie zu Hause den gleichen Reizen ausgesetzt sind, ist es nur natürlich, daß sie manchmal den gleichen Gedanken haben und dann meinen, telepathisch miteinander zu kommunizieren. (»Nanu, ist das nicht komisch! Ich wollte gerade das gleiche sagen!«) Es wird aber auch sehr oft vorkommen, daß die Kommunikation zwischen den beiden überhaupt nicht funktioniert, obwohl sich jeder anstrengt, sich verständlich zu machen und den anderen zu verstehen.

»Und Gott schuf den Menschen ihm zum Bilde, zum Bilde Gottes schuf er ihn; und schuf sie einen Mann und eine Frau.« (1. Mose, 27) Abgesehen von den offensichtlichen körperlichen Unterschieden gibt es auch ein komplexes biochemisches System, durch das sich nicht nur die geschlechtlichen Funktionen unterscheiden, sondern das auch emotionale Unterschiede schafft, die durch die Rollen und Erwartungen der Gesellschaft und ihre Einstufung des Verhaltens, das wir üblicherweise als ›feminin‹ und ›maskulin‹ einordnen, noch mehr differenziert werden.

Ich selbst habe eine Frau anderer Nationalität und mit anderer Muttersprache geheiratet. In den ernsthaften Diskussionen während unserer Verlobungszeit konnten wir die Tatsache nicht ignorieren, daß in Zukunft einer von uns immer sich in einer Sprache verständlich machen müßte, die nicht seine eigene war. Was später zu einem Problem in unserer Beziehung hätte werden können, wurde früh dadurch abgewehrt, daß meine Frau ihre Angst davor eingestand, daß wir uns nie richtig verstehen könnten, weil wir verschiedene Muttersprachen hatten. Ich habe mit Humor und Überzeugung geantwortet, daß wir einfach alle Differenzen und Schwierigkeiten unseres gemeinsamen Lebens der Tatsache zuschreiben sollten, daß ich ein Mann bin und sie eine Frau ist. Das allein wäre schon eine angemessene Erklärung für jedes mögliche Mißverständnis. Außerdem sei es normal, daß es bei jedem Ehepaar irgendwelche Unterschiede gibt. Meiner Meinung nach führen wir eine ideale Ehe, und ich möchte hinzufügen, daß die Liebe eine eigene Sprache spricht! Immer wenn ich einen Ehemann sagen höre: »Das ist typisch Frau!« oder wenn eine Ehefrau sagt: »Das ist typisch Mann!«, bin ich versucht zu sagen: »Womit möchten Sie denn sonst verheiratet sein?« Ich muß zugeben, daß ich diese Frage normalerweise auch stelle.

Ja, es gibt wirklich Unterschiede zwischen Männern und Frauen, und es wird sie immer geben, auch wenn viele Menschen für eine Unisex-Gesellschaft plädieren. Man kann sich nur schwer vorstellen, daß die grundlegenden Voraussetzungen für das Leben eines Menschen dadurch erschüttert werden könnten. Die einzig normale Reaktion auf diese einfache Wahrheit ist die humorvolle Feststellung: »Vive la difference!« (»Es lebe der Unterschied!«) Ich habe das nur deshalb hier erwähnt, weil es auch ein Faktor ist, der Sie zu einem einzigartigen Individuum macht.

Charakterliche Unterschiede

Ihr Lebenshintergrund, Ihre Erfahrungen und Ihre Ausbildung sind ganz anders als bei anderen Menschen, und dadurch wird Ihr einzigartiger Charakter gebildet. Die eigenen moralischen, ethischen und sonstigen Wertvorstellungen sind das Ergebnis ganz individueller Lebenserfahrungen und Gedanken, die irgendein anderer Mensch schwerlich haben kann.

Auch wenn diese inneren Werte auf herkömmliche und kodifizierte Art wie bei vielen anderen Menschen ausgedrückt werden, so formt sich Ihr Charakter doch durch diese inneren Prozesse und ihre Intensität. Ausmaß und Qualität des Guten und Schlechten, Ehrlichkeit und Falschheit, Prinzipien und Opportunismus, die Ihren Charakter ausmachen, sind bei Ihnen allein so vorhanden!

Ein ganz besonderes Erbe

Für Ihre einzigartige Individualität gibt es eine genetische Grundlage, die von einem wissenschaftlichen Standpunkt aus sehr leicht zu verstehen ist. Der Begriff der Individualität basiert nicht auf einer fragwürdigen Theorie, sondern auf unbestreitbaren wissenschaftlichen Tatsachen. Es ist wichtig, daß Sie sowohl intellektuell als auch emotional davon überzeugt sind, daß Sie ein einzigartiges Individuum sind, das ganz anders ist als jeder andere Mensch, sei er noch am Leben, bereits tot oder noch nicht geboren!

Diese einzigartige Individualität hat nicht mit einundzwanzig begonnen oder in der Pubertät, ebensowenig in der Stunde Ihrer Geburt, sondern *in dem Moment, als Sie gezeugt wurden!* Bei der Vereinigung von Ei und Sperma im Bruchteil einer Sekunde entstand die unendliche Komplexität des ungeahnten Potentials Ihrer Persönlichkeit.

Der Glaube an den genetischen Determinismus von Darwin und Freud hat sich in der Öffentlichkeit nie durchgesetzt. Die Ausweitung der sozialen Hilfsprogramme beruht auf der Annahme, daß die Umwelt der entscheidende Faktor bei der Persönlichkeitsentwicklung ist. Man hatte oft das Gefühl, daß wertvolle Programme zur sozialen Reform durch die Überbewertung der Vererbung geschmälert werden könnten. Die Doktrin des genetischen Determinismus ist auch für rassische oder politische Zwecke mißbraucht worden (wie zum Beispiel die unsinnige Theorie Hitlers vom ›arischen Übermenschen‹), was dazu geführt hat, daß sie allen sensiblen Menschen aufs äußerste widerstrebt.

Die Wissenschaft der Genetik und Vererbung liefert keiner Gruppe von Menschen eine Berechtigung dazu, sich überlegen zu fühlen. Sie sollte nie als Entschuldigung für fehlgeschlagene soziale Veränderungen benützt werden, die für das Wohlergehen der Menschen gedacht waren. Tatsache ist, daß weder Vererbung noch die Umwelt allein die Persönlichkeit und das Verhalten bestimmen. Der Mensch besteht vielmehr aus einer Synthese dieser beiden Faktoren plus der subjektiven Reaktion auf diese Kombination.

Es steht jedoch fest, daß *Ihre Einzigartigkeit* auf der von Ihren Eltern im Augenblick der Empfängnis vererbten Kombination beruht. Die vererblichen Eigenschaften werden in Genen und Chromosomen weitergegeben. Die Gene sind Proteinmoleküle, die den lebenswichtigen Bestandteil DNA enthalten. Es gibt unzählige Arten von Genen, von denen jedes eine andere Funktion hat. Sie können sich mit phantastischer Geschwindigkeit vermehren. Jedes Baby hat zum Zeitpunkt der Geburt 26 Billionen Zellen, und jede Zelle enthält die gleichen Gene. Die Gesamtzahl der Gene ist noch unbekannt, heutigen Schätzungen zufolge sind aber in den *23 Paar* Chromosomen, die in *jeder* menschlichen Zelle enthalten sind, 40000 bis 60000 Gene oder mehr zu finden. Diese Chromosomen sind Reihen von Genen, und es gibt davon 46 in jeder menschlichen Zelle (23 vom Vater und 23 von der Mutter).

Das männliche Sperma enthält ebenso wie das weibliche Ei Gene, die das genaue Ebenbild derer sind, die der Mann und die Frau zum Zeitpunkt ihrer Empfängnis von ihren Vorfahren bekommen haben. Wenn ein Mann Sperma produziert, werden bei jeder zweiten Samenzelle die 23 Paar Chromosomen aufgeteilt, wobei jeweils nur ein Chromosom eines jeden Paares in eine Gruppe geht, um die herum sich dann eine einzelne Samenzelle formiert. Jede Samenzelle enthält also 23 *einzelne* Chromosomen.

Ein ähnlicher Prozeß läuft bei der Frau ab, so daß jede Eizelle nur 23 einzelne Chromosomen enthält. Jede männliche Samenzelle enthält nur die Hälfte der Chromosomen des Vaters und jede Eizelle der Mutter nur die Hälfte der Chromosomen ihrer Mutter.

Eine Frau produziert im Laufe von dreißig Jahren nur eine einzige Eizelle pro Monat, ein Mann produziert jedoch ständig Samenzellen.

Eine Samenzelle kann deshalb eine ganz andere Kombination enthalten als eine andere. Ein Mann kann Samenzellen produzieren, die 16 777 216 verschiedene Chromosomenkombinationen enthalten. Die gleiche Anzahl möglicher Kombinationen könnte bei jeder Eizelle gegeben sein. Bei der Vereinigung von Samen- und Eizelle eines Paares kann deshalb *jede mögliche* Kombination von 300 Millionen Millionen (300 000 000 000 000) verschiedener Chromosomen entstehen.

Beim Geschlechtsakt gibt jeder Mann der Frau 50–500 Millionen Samenzellen, die allerdings so klein sind, daß Millionen davon auf einem Stecknadelkopf Platz fänden. Bei jeder Ejakulation gibt es genug Samenzellen, um jede fruchtbare Frau auf der Welt zu schwängern! (Nicht alle Frauen auf der Welt sind jedoch zur gleichen Zeit fruchtbar.) Das Wichtige und Bemerkenswerte dabei ist aber, daß *nur eine Samenzelle das Ei befruchtet*.

Diese Zahlen sind schon sehr verwirrend. Man kann also, genetisch gesehen, sehr leicht akzeptieren, daß jeder Mensch, der auf dieser Welt geboren wird, im wahrsten Sinne des Wortes *wirklich einzigartig ist*.

Ein Wunder auf zwei Beinen

Der menschliche Körper ist von seiner Konstruktion her und in seinen Funktionen unglaublich komplex. In jeder Zelle stecken unergründete Geheimnisse. Die Wissenschaft steht damit praktisch noch am Anfang, die komplizierten Abläufe des bio-elektrochemischen Prozesses zu verstehen, der das physische und geistige Leben aufrechterhält und steuert. Damit jede Drüse und jedes Organ im Körper funktioniert (das gilt auch für das Denken), bedarf es einer Vielzahl wunderbarer submikroskopischer Vorgänge, die ineinandergreifen.

Sie sind ein Wunderwerk der Natur, das geht und atmet. Auch beim Lesen dieser Seite, wenn Ihre Augen die Wörter abtasten und Ihr Gehirn die gedruckten Symbole mit Hilfe Ihrer früheren Erfahrungen und Ihrer erworbenen Bildung, die in bestimmten Gehirnzellen irgendwie kodiert sind, interpretiert, läuft in Ihnen eine Billion wunderbarer Vorgänge gleichzeitig ab. Diese Wunder finden in jeder tausendstel Sekunde Ihres Lebens statt, in jeder Sekunde, jeder Minute, jeder Stunde, an jedem Tag, in jeder Woche, in jedem Monat, in jedem Jahr Ihres Lebens – *ohne daß Sie sich dessen überhaupt bewußt sind!*

Wenn Sie sich diese erstaunlichen Vorgänge bewußt machen, werden Sie zu einem neuen Verständnis von dem *Wunder, das Sie sind,* gelangen! Sie werden sich nie mehr unwichtig oder überflüssig fühlen. Die Natur hat Sie durch zahllose Vorfahren mit den wunderbaren Mechanismen ausgestattet, die Ihr Leben aufrechterhalten und steuern. In jeder Zelle Ihres Körpers stecken unbegreifliche Geheimnisse und ungeahnte Potentiale. Sie sind beileibe kein Massenprodukt, das auf einem kosmischen Fließband aus einem Erdklumpen hergestellt worden ist. Seien Sie sich dessen bewußt, daß Sie einzigartig sind, und freuen Sie sich darüber. Wenn Sie sich diese unbestreitbare Tatsache klarmachen, werden Sie mehr Spaß am Leben haben, und auch Ihren Zukunftsträumen sollten keine Grenzen gesetzt sein, wenn Sie von Ihrer Einzigartigkeit und Individualität überzeugt sind!

Wenn Sie die zwei Konzeptionen, die der Brüderlichkeit und der Individualität, verstanden und sie in Ihrem Bewußtsein fest verankert haben, sollten Sie sowohl Ihr Eins-Sein als auch Ihr Einzigartig-Sein *in bezug auf andere* klar erkennen. Diese Erkenntnis und das erweiterte Bewußtsein für die wunderbaren Vorgänge in jedem Augenblick Ihres Lebens sollten Ihren Geist einer tieferen Selbsterkenntnis zugänglich machen, so daß Sie sich systematisch für Ihre Weiterentwicklung auf höchster Stufe vorbereiten können.

Sie haben die Fähigkeit und das Potential, um über zukünftigen Erfolg, Ihre Gesundheit und Ihr Glück zu entscheiden! Daß Sie jetzt dieses Buch lesen, ist zweifellos eine in der Vergangenheit getroffene Entscheidung, die aber der Angelpunkt für Ihre Zukunftsplanung werden kann. Sie haben jetzt ein neues Stadium in der Kette von Ursache und Wirkung erreicht, die Ihr Leben früher zu dem gemacht hat, was es in diesem Augenblick ist. Sie können jetzt ganz bewußt neue Ursachen herbeiführen, um auf diese Weise in Zukunft auch neue Wirkungen zu erzielen!

Wenn Sie verstehen, was Sie lesen, haben Sie sicher die richtige Denkweise, um Ihre Zukunft klar zu umreißen und Entscheidungen dafür zu treffen. Wenn Ihre Motivation dazu ausgereicht hat, sich dieses Buch zu kaufen, sollten Sie auch motiviert genug sein, Ihre Pläne in die Tat umzusetzen. Dieses Buch wird Sie dabei unterstützen, aber Sie müssen gleichzeitig auch Vertrauen in Ihre Fähigkeit haben, Ihre Pläne in die Tat umzusetzen, sobald Sie sich einmal eine klare Vorstellung davon gemacht haben.

Das Selbst, das Sie kennen

»Erkenne dich selbst!« raten die Philosophen den Menschen seit vielen Jahrhunderten. Sie nahmen anscheinend an, daß schon die bloße Selbsterkenntnis zum Glück führen müßte. Die Psychotherapie ist darauf abgestellt, den Menschen Einsicht in ihre Persönlichkeit und ihre Probleme zu vermitteln. Die meisten Menschen haben die Vorstellung, daß alle Probleme verschwinden, wenn sie sich nur selbst kennen. Das scheint leider nicht immer so zu sein. Es ist ein wichtiger Teil der Formel, aber etwas fehlt noch. Viele, die sich einer langen Psychoanalyse unterzogen haben, sagten, daß ihnen ihre Probleme viel weniger Sorgen bereiten, daß sie aber nichtsdestoweniger vorhanden sind. Auch wenn man ›falsche Erkenntnisse‹ berücksichtigt (sehr überzeugende Unwahrheiten, die sich der Patient unbewußt ausdenkt, um sich zu verteidigen und den Therapeuten in die Irre zu führen), gibt es noch Gründe genug, um zu fragen, ob intellektuelles Verständnis allein dazu ausreicht, eine dauerhafte Veränderung zu bewirken.

Sich selbst zu kennen, ist nicht leicht. Wenn dem so wäre, würden wir uns alle kennen. In einem gewissen Sinn ist es eigentlich unmöglich, sich selbst zu kennen. Welches ›Selbst‹ von uns können wir je kennen? Es ist wahrscheinlich unmöglich, dieses ›Selbst‹ im ontologischen Sinn zu kennen, auch wenn dieses ›Selbst‹ oder die ›Seele‹ wirklich ist in dem Sinne, daß es/sie existiert. Die Natur des wirklichen Selbst (des ontologischen Selbst oder der Seele) übersteigt unseren Wissensbereich. Wir können daran glauben und darüber philosophieren. Da wir aber nicht genug darüber wissen, können wir auch nichts Bestimmtes darüber sagen. Dieses Problem wurde schon in der Bibel erkannt, wo man das Wort ›Herz‹ im Sinne des ontologischen Selbst verwendete. Man hat es bisher nicht nur nicht definiert, sondern auch anerkannt, daß es die menschlichen Fähigkeiten übersteigen würde, es richtig zu beschreiben. Sofern man hier auf die Weisheiten des Alten Testaments Bezug nehmen kann, sei auf eine Bemerkung des Propheten Jeremia verwiesen, die in diesem Zusammenhang interessant sein könnte: »Es ist das Herz ein trotzig und verzagt Ding; wer kann es ergründen?« (Jeremia 17:9)

Der Vers lehrt uns außerdem, daß nur Gott das Herz, das ontologische Selbst oder die Seele kennen kann. Es ist eine der wichtigsten Aussagen der Bibel, daß wir niemals über die Seele oder das Herz eines anderen Menschen urteilen sollen. Nur Gott in seiner Weisheit darf das tun. Wir können nicht einmal unser eigenes Herz beurteilen oder kennen, denn es scheint der bewußten Analyse aufgrund der Duplizität und Abwehrhaltung des inneren Selbst (was immer es wirklich sein mag) nicht zugänglich zu sein. Psychoanalytiker bezeichnen diese Duplizität und Abwehrhaltung als ›Verteidigungsmechanismen des unbewußten Ich‹, die Theologen nennen es ›Ursünde‹. Wir können uns vielleicht eine Menge Zeit sparen, wenn wir die Behauptung einfach akzeptieren, daß das ontologische oder metaphysische Selbst oder die Seele *von Natur aus* unergründbar sind.

Es gibt aber ein ›Selbst‹, das wir kennenlernen können. Wenn wir praktisch denken und unsere Erforschung darauf beschränken, was wirklich ergründbar ist, können wir bei unserem Vorhaben, uns weiterzuentwickeln, große Fortschritte machen. Das ›Erkenne dich selbst‹ wird zu einer Entwicklungsmöglichkeit, wenn wir uns auf dieses ›Selbst‹ beschränken.

Das Selbst, das wir besser kennenlernen können, wird auch das ›phänomenologische Selbst‹ genannt. Darunter versteht man nur das Selbst, das wir wahrnehmen oder besser gesagt die verschiedenen Seiten dieses Selbst. Jeder von uns hat ein

Selbstbild, eine Meinung von sich selbst. Es gibt psychologische Tests, mit denen dieses Selbstbild auf verschiedenen Gebieten gemessen werden soll, nämlich das physische Selbst, das moralisch-ethische Selbst, das Familien-Selbst, das soziale Selbst und das persönliche Selbst. Mit anderen Worten, es gibt Seiten des vielfältigen phänomenologischen Selbst, die wir erforschen können. Man kann das Selbstbild also in diese kleineren Kategorien unterteilen, in denen wir uns selbst wahrnehmen. Ihr Selbstbild ist aus all diesen Aspekten zusammengesetzt, daraus, wie Sie sich in den verschiedenen Bereichen wahrnehmen (wie Sie sie erlebt haben).

Um es zu veranschaulichen: Wenn man Sie bitten würde, sich selbst zu beschreiben, würden Sie als Antwort wahrscheinlich nicht nur statistische Daten wie Geburtsort, Geburtsdatum, Größe und Gewicht, Haar- und Augenfarbe und eine Beschreibung der Kleidung liefern, die Sie gerade tragen. Das würde wie der Text einer Vermißtenanzeige oder Fahndungsmeldung der Polizei klingen. Diese auf den Körper bezogenen Daten sind vielleicht für die Behörden eine große Hilfe, wenn sie eine bestimmte Person suchen, sagen aber nichts über Sie *selbst* aus.

Sie würden sicher nie eine solche Antwort geben, wenn jemand zu Ihnen sagt: »Erzählen Sie mir etwas von sich.« Sie wissen, daß Ihr Gegenüber nicht an einer solchen Beschreibung interessiert ist. Ganz gleich, wie viele Informationen dieser Art Sie liefern, es ist keine Antwort auf: »Erzählen Sie mir etwas von sich.« Es ist eine bedeutungsvolle Frage, die eine ebensolche Antwort erfordert.

Wenn man Sie bittet, sich selbst zu beschreiben oder Sie nach einer Antwort auf die Frage ›Wer bin ich?‹ suchen, dann lautet sie wahrscheinlich etwa so: »Ich bin ein Mann/eine Frau, weiß/schwarz, soundso alt. Ich komme aus der Unter-/Mittel-/Oberschicht. Ich bin ledig/verheiratet/geschieden/

verwitwet. Ich bin gebildet/weniger gebildet usw.« Sie würden aber bald merken, daß auch das keine Antwort auf die Frage ist.

Sie wären mit einer so dürftigen Beschreibung aus kalten Fakten nicht zufrieden und würden auch Adjektive verwenden, um die Beschreibung genauer zu machen. Es ist wichtig anzumerken, daß Sie mit den Adjektiven, die Sie verwenden, ein Werturteil über sich selbst ausdrücken.

Sie würden zum Beispiel Dinge sagen wie: »Ich bin ein *guter* Ehemann/eine *gute* Ehefrau, ein *guter* Sohn/eine *gute* Tochter, ein *schlechter* Golfspieler, ein *gewitzter* Geschäftsmann, ein *schlechter* Heimwerker, ein *gläubiges* Mitglied der Kirchengemeinde, ein *ehrlicher* Bürger usw.« Mit anderen Worten, Sie geben Werturteile ab, wenn Sie sich selbst beschreiben – auch sich selbst gegenüber!

Die Gesamtheit der verschiedenen Aspekte in Beziehung auf die verschiedenen Bereiche Ihrer Umwelt, *wie Sie sie wahrnehmen und beurteilen,* ist das, was als ›phänomenologisches Selbst‹ bezeichnet wird. Nur dieses ›Selbst‹ können wir erforschen.

Die ›Wahrnehmungs-Psychologie‹ lehrt, daß unser Verhalten die Auswirkung dessen ist, von dem wir glauben, daß es unser phänomenologisches Selbst bewahrt, entweder schützt oder steigert.

Wie auch immer wir unser phänomenologisches Selbst wahrnehmen, sicher ist, daß wir dazu neigen, immer das zu tun, was unser Selbstbild bewahrt, schützt oder steigert. Auch das Gegenteil trifft zu: Was wir *nicht* tun, unterlassen wir, weil wir das Gefühl haben, daß es unser Selbstbild *nicht* bewahren, schützen oder steigern würde, wenn wir es tun würden! Alles, was wir tun oder nicht tun, wird nur darum getan oder unterlassen, weil wir das Bild von uns selbst bewahren, schützen oder steigern wollen!

Man sagt, daß ›Selbsterhaltung die oberste Lebensregel ist‹, was für Menschen aber nur begrenzt zutrifft. Wir alle kennen Beispiele von Menschen, die sich nicht allein vom Selbsterhaltungstrieb leiten ließen. Das gilt sowohl für große Selbstaufopferung als auch für die tragischen Fälle der Selbstzerstörung. Psychologisch gesehen, wird das menschliche Verhalten nicht vom ›Selbsterhaltungstrieb‹ gelenkt, sondern vielmehr durch den Wunsch, ›das Selbstbild zu bewahren‹!

Es ist offensichtlich, daß Verhalten nicht einfach dadurch geändert werden kann, daß man den Menschen sagt, was sie tun sollen. Gute Ratschläge ändern bei niemandem das Verhalten. (Es wurde schon so viel gepredigt, und gute Ratschläge wurden erteilt, um die Welt zu bessern, und es hat sich immer noch nichts geändert.) Um eine Verhaltensänderung zu bewirken, müssen wir zuerst das Selbstbild eines Menschen kennen. Es steht fest, daß sich das Verhalten nicht ändert, wenn das Selbstbild nicht verändert wird, denn das Verhalten muß das Selbstbild immer bewahren, schützen oder steigern.

»Ich habe es dir immer wieder gesagt und du tust es immer noch! Ich habe es dir nicht nur einmal, sondern hundertmal gesagt, und du tust es immer noch! Wie oft muß ich es dir noch sagen?« Wie oft hat jeder von uns das schon gehört! Wie oft haben wir selbst schon so etwas geäußert? Es ist wirklich reine Zeitverschwendung, wenn man meint, das Verhalten anderer Menschen ändern zu können, indem man ihnen sagt, was richtig wäre. Auch die als unverbesserlich geltenden Menschen haben viele Aussprüche dieser Art gehört, und es hat ihnen nichts geholfen.

Ein paar beamtete Bewährungshelfer hatten einige straffällige Jugendliche als milieugestört eingestuft, weil sie für ihr Alter nicht gut genug lesen konnten. Es wurden dann Aufbauklassen eingerichtet mit dem Ergebnis, daß die meisten der jungen Straftäter sich in ihrer Fähigkeit zu lesen entscheidend verbesserten. Es gab aber viele Versager und solche, die den Kurs sogar öfter wiederholen mußten. Experten haben bald den Grund dafür herausgefunden. Ein großer, starker Teenager hat sein eigenes Selbstbild. Mit seinem Verhalten will er dieses Selbstbild bewahren, schützen oder steigern. Seine Handlungen und seine Einstellung reflektieren, wie er sich selbst sieht und nicht, wie andere ihn sehen. Wenn andere von ihm erwarteten, daß er lesen lernte, wenn er vor der Klasse steht und vorliest: »Die große rote Henne machte gack, gack, gack«, dann war das für ihn ein ›absoluter Schwachsinn‹. Er würde eher weglaufen, ein Auto stehlen oder irgend etwas anderes tun, was *sein* Selbstbild bewahrt, schützt oder steigert, als daß er diesen Text liest.

Die Lehrer haben auf der Grundlage der Wahrnehmungspsychologie ein anderes Lehrmaterial in Form von Comicbüchern entwickelt, in denen die Geschichten so anfingen: »Schüsse fielen. Bum, bum, bum! Der Mann stürzte zu Boden. Sein Blut tropfte langsam auf den Boden!« Die großen starken Rabauken haben dann beschlossen, daß es sich doch lohnen könnte, lesen zu lernen. Das Programm war erfolgreich und führte die Teilnehmer bald zu einer höheren Stufe.

Es gab viel Aufregung bei Erwachsenen, als sie erfuhren, womit die Jugendlichen lesen lernten. Der Inhalt der Texte wurde daraufhin entschärft. (Das Motorrad machte brhh, brrh, brrh!) Sobald das Lesenlernen für das Selbstbild der jugendlichen Straftäter weniger bedrohlich war, nahmen sie das Programm bereitwillig an. Daß sie besser lesen konnten und dabei entdeckten, daß man in Büchern interessante Dinge finden kann, führte schon zu kleinen Veränderungen ihres Selbstbildes. Von da an wurde Lesen zu einer Fähigkeit, die ihr Selbstbild bewahren, schützen und sogar steigern konnte.

Als ich einmal ein Gespräch mit einer Lesbierin führte, die vom Gericht an die Hypnotherapeutische Klinik zur Behandlung überwiesen worden war, wurde wieder einmal klar, wie sehr die Handlungen eines Menschen davon abhängen, wie er sich selbst wahrnimmt und wie jeder sich verhält, um sein phänomenologisches Selbst zu bewahren, zu schützen und zu steigern.

Mir gegenüber saß eine zukünftige Klientin, die zur Beratung überwiesen worden war. Später sollte dann eventuell eine Hypnotherapie begonnen werden. Man hatte mir eine junge Frau Anfang Zwanzig angekündigt, die gerade aus dem Gefängnis entlassen worden war, wo sie ihre Strafe wegen eines ›Verbrechens gegen die Natur‹ mit einem minderjährigen Mädchen abgebüßt hatte. (Das war noch in den Tagen, als man der Homosexualität im allgemeinen wenig tolerant begegnete.) Die junge Frau sah wie ein Mann aus – wie ein sehr starker Mann. Ihr Erscheinungsbild, die Art zu reden und das gekünstelte Verhalten strahlten aggressive Männlichkeit aus. Sie stand zwar einer Behandlung sehr ablehnend gegenüber, wollte aber doch während der Beratung offen reden.

»Erzählen Sie mir etwas von sich«, sagte ich freundlich. »Na ja, ich bin lesbisch«, war ihre offene Antwort; dabei verengten sich ihre Augen.

»Ich bin sicher, es gibt noch mehr, was Sie von sich erzählen können als das«, bemerkte ich mit einem leisen Lachen. Sie dachte einen Moment lang ernsthaft nach und sagte dann trocken: »Was gibt es da noch zu sagen? Ich bin lesbisch!«

Es ist wirklich schade, wenn das Selbstbild eines Menschen auf einen einzigen Aspekt reduziert worden ist, und es ist besonders traurig, wenn diese Seite von der Gesellschaft mißbilligt wird. Diese junge Frau konnte einfach nicht über ihre Erziehung, ihr Zuhause, ihre Familie, über Freunde, Hoffnungen, Wünsche, die Arbeit, Vergangenheit, Gegenwart oder

Zukunft sprechen, ohne daß jeder dieser Bereiche von ihrer Homosexualität durchdrungen und überschattet war. Diese einzige Tatsache war die Summe und Substanz all dessen, wie sie sich selbst in bezug auf die verschiedenen Umgebungen sah. Aus einem psychologischen Fragebogen zur Einschätzung des Selbstbildes ergaben sich sehr positive Bewertungen nur bei ihrem ›physischen Selbst‹ und ihrem ›sozialen Selbst‹ – das sind genau die zwei Bereiche, wo sie fast jeder andere am niedrigsten eingestuft hätte!

Diese Einschätzung ihres physischen Selbst und ihres sozialen Selbst macht verständlich, warum sie sich so verhielt, wie sie es tat. Alles in ihrem Leben mußte dieses Selbstbild bewahren, schützen oder steigern. Solange es keine Veränderung in ihrem Selbstbild gab, konnte es auch wenig Änderung in ihrem Verhalten geben.

Ein anderes Mal sprach ich mit einer Klientin, die wegen ihrer Fettleibigkeit behandelt werden wollte. Sie war wirklich stark übergewichtig, die groteske Karikatur eines Durchschnittsmenschen. Als ich sie bat, etwas von sich zu erzählen, sagte sie: »Was gibt es da zu erzählen? Ich bin fett!« Alles, was sie von sich selbst erzählen konnte, war das, was sowieso jeder sah, nämlich daß sie unglaublich dick war. Nichts über ihre Familie, ihren Ehemann, ihre Kinder oder sonst etwas war es wert, berichtet zu werden, *ihrer Meinung nach*. Sie machte später die Bemerkung, daß sie ›dicke Leute verabscheut‹ und daß sie ihr ganzes Leben ›dick‹ gewesen sei. Sie schien überrascht, als ich ihr sagte, daß diese Bemerkungen das gleiche hießen, als wenn sie gesagt hätte, daß sie sich selbst viele Jahre lang verabscheut hätte, eigentlich ›ihr ganzes Leben lang‹.

Es ist ein Fehler zu glauben, daß das Selbstbild vom Verhalten geformt wird. Das Gegenteil trifft zu. Das Selbstbild bestimmt das Verhalten.

Nicht nur das Leben psychisch gestörter Menschen wird vom Selbstbild bestimmt – es ist bei allen Menschen so. Die Antwort, die Sie auf die Bitte: »Erzählen Sie etwas von sich« geben, spiegelt teilweise Ihr Selbstbild wider und Ihre Verhaltensmuster, mit denen Sie dieses Selbstbild bewahren, schützen oder steigern wollen. Es sollte inzwischen klar geworden sein, daß Ihre Weiterentwicklung bei Ihrem Selbstbild ansetzen muß. Sie müssen genau verstehen, was es ist und wie es verändert werden kann. Darum geht es in diesem Buch.

Denken Sie daran, daß Sie allein Ihr Selbstbild formen. Sie allein versehen die Wahrnehmungen, die Sie machen, mit Werturteilen! Das Bild, das andere von Ihnen haben, hat nichts mit Ihrem Selbstbild zu tun. Es ist *Ihr* Bild von sich selbst. Ein negatives Selbstbild wird Ihnen nicht von anderen aufgedrängt; Sie selbst haben es geformt. Es sind Ihre eigenen Wahrnehmungen, Ihre eigenen Bewertungen, die Ihr phänomenologisches Selbst ausmachen. Sie haben es in Ihrem Kopf geformt, und *es existiert nur in Ihrem Kopf*. Sie selbst haben es geschaffen und definiert. Nur Sie können es ändern. Und Sie können es.

Planen Sie Ihr Selbst

›Erkenne dich selbst‹ ist nicht annähernd ein so guter Rat wie ›Plane dich selbst‹. Das phänomenologische Selbst, das Selbst, das Sie kennen und als das erkennen, was Sie sind, kann verändert werden. Ihr ›Selbst‹ ist nicht statisch, es ist dynamisch und verändert sich ständig. Leider kann es durch Ihre Verhaltensmuster – die ja dazu bestimmt sind – noch mehr bewahrt, geschützt und ›gesteigert‹ und so der *Status quo* aufrechterhalten werden. Es bekommt durch den Lebensstil, den wir wählen, oft eine scheinbare Dauerhaftigkeit oder Festigkeit. Da wir aber wissen, daß es auch schlechter werden kann, wissen wir auch, daß es besser werden kann. Wir können es nicht einfach durch eine bewußte Anstrengung verändern. Wir müssen einen Plan haben, der funktioniert.

Das Selbstbild kann verändert werden, weil es darin besteht, wie Sie Ihre Interaktionen in den verschiedenen Bereichen Ihrer Umgebung wahrnehmen. Es kann also verändert werden, indem einer oder mehrere der folgenden Faktoren beeinflußt werden: 1) die Umgebung; 2) die Art Ihrer Interaktion; 3) Ihre Wahrnehmungen, sowohl Ihrer Umgebung als auch von sich selbst.

Unser Selbstbild kann nur dann durch eine Beeinflussung der *Umgebung* verändert werden, wenn wir in unser Leben mehr Möglichkeiten für Erfolgserlebnisse einbauen. Durch Erfolgserlebnisse wird ein positives Selbstbild aufgebaut, und deshalb ist es für jeden Menschen so wichtig, früh Erfolgserlebnisse zu haben. Wenn das Bildungssystem daran interessiert ist, heranwachsenden Kindern geistige und emotionale Gesundheit zu vermitteln, sollte alles getan werden, damit in die Struktur, in die jedes Kind per Gesetz eingebunden ist, Erfolgserlebnisse eingebaut werden. Es wird gern behauptet, daß wir aus Fehlern lernen, aber das stimmt nicht. Wir lernen und wachsen nur durch Erlebnisse, die wir als Erfolg wahrnehmen.

Meine frühen Erfahrungen in der Schule mit Mathematik waren frustrierend. Es lief so ab, daß ich mich nervös, unsicher, unzulänglich und stumm fühlte. Es war für mich in erster Linie die Erfahrung zu versagen. Was habe ich aus meinem Versagen gelernt? Ich habe ›gelernt‹, daß einfache Mathematik schwierig und höhere Mathematik einfach unmöglich zu verstehen ist. Erst viele Jahre später, als ich einen verständnisvolleren Lehrer hatte, stellte ich fest, daß dieses

Fach eigentlich nicht besonders schwer war. Ich hatte mich als Junge als *schwach* in Mathematik wahrgenommen und habe meine zukünftige Haltung in dieser Hinsicht natürlich darauf ausgerichtet, mein phänomenologisches Selbst zu bewahren, zu schützen oder zu steigern, indem ich die Dinge vermied, die es bedrohten. Mathematik war schwer für mich, weil man mich gelehrt hatte, daß es schwer für mich ist. Meine Leistung war schwach, weil ich kein Vertrauen in meine Fähigkeit hatte, etwas zu verstehen, von dem ich annahm, daß es ein viel zu schweres Fach sei. Die hellere Seite meines Lebens war natürlich, daß ich mich in anderen Dingen als erfolgreich erlebte, die ich natürlich besonders pflegte, weil sie mit meinem Selbstbild übereinstimmten, d. h. sie bewahrten, schützten oder steigerten das von mir wahrgenommene Selbst und stuften es positiv ein, soweit es nicht Mathematik betraf. Versagen ruft Versagen hervor, Erfolg führt zu Erfolg. Alles, was wir aus Versagen lernen, ist die Reaktion, etwas zu vermeiden, was demoralisierend, lähmend und hemmend wirkt. Erfolg auf der anderen Seite gibt uns Vertrauen und spornt uns zu größeren Leistungen an. Wenn Sie sich weiterentwickeln wollen, sollten Sie mehr über die Erfolgserlebnisse in Ihrem Leben nachdenken und sehen, was Sie daraus lernen können.

Ihre *Interaktion* mit der Umgebung kann verändert werden, auch wenn die Umgebung gleich bleibt. Das Prinzip: »Handle so, wie du dich fühlst, und du wirst bald so fühlen, wie du handelst«, basiert auf gesunden psychologischen Erkenntnissen. Leider geben die meisten Menschen, die es versuchen, zu schnell auf. Andrew Salter führt in seinem Buch ›Conditioned Reflex Therapy‹ die Prinzipien der Aktion auf, die seiner Meinung nach geistige Gesundheit aufbauen; sie sollen auf den Pawlowschen Prinzipien zur Verlangsamung und zur Beschleunigung der Herztätigkeit beruhen. Es ist im

Grunde eine Ermutigung, seinen Emotionen entsprechend ehrlich zu sein und ehrlich empfundenen Gefühlen Ausdruck zu verleihen. Er ist der Meinung, daß man für seine Rechte einstehen und anderen ›Bescheid stoßen‹ soll, wenn sie es verdienen, so unabhängig wie möglich zu sein, die sozialen Konventionen zu beachten, sich dabei aber selbst zu behaupten. Salter sagt, daß er als der Psychologe bekannt ist, durch den Leute im Restaurant sich zu beschweren anfangen; einer seiner Patienten hat seine Therapie einmal als ›Freiheit durch Gemein-Sein‹ bezeichnet. Trotzdem ist seine These faszinierend, und die Prinzipien haben eine gesunde Grundlage. Sie können Ihre Art zu handeln und zu reagieren ändern, wenn Sie es wollen.

Nehmen wir einmal an, Sie wollen nicht so oft ärgerlich werden. Leugnen Sie Ihren Ärger nicht, sondern stellen Sie fest, was Sie ärgerlich macht. Wenn Sie dazu neigen zu sagen, »er macht mich ärgerlich«, dann ist das nicht besonders hilfreich, denn es verstärkt die Annahme, daß andere Sie ärgerlich machen können. Wenn Sie die Vorstellung, daß andere Menschen Sie wortwörtlich ärgerlich ›machen‹ können, akzeptieren, dann können Sie wirklich nicht viel daran ändern. Sie haben einen anderen Menschen ermächtigt, Sie auf bestimmte Weise fühlen zu lassen. Sie müssen den Grund Ihrer ärgerlichen Reaktion dadurch genauer definieren, daß Sie denken: »Wenn er so und so handelt, erlaube ich mir, mich darüber zu ärgern.« Dann haben Sie das Problem genau identifiziert – Ihre Reaktion auf bestimmte Dinge, die in Ihrer Gegenwart getan oder gesagt werden. Sie machen sich selbst ärgerlich.

Man sagt manchmal, daß jemand vom anderen Geschlecht einen ›antörnt‹. Tatsache ist, daß der andere vielleicht nicht einmal weiß, daß Sie da sind! Niemand kann Sie in Wirklichkeit ›antörnen‹. Was Sie meinen ist, daß, wenn ein anderer

Mensch sich auf bestimmte Art verhält, Sie sich selbst erlauben, sich ›angetörnt‹ zu fühlen, ganz egal, welche Absicht dahinter steht. Wenn Sie den Grund für Ihre Reaktion richtig identifizieren, können Sie feststellen, daß die Reaktion von Ihnen kommt und nicht von dem anderen auf Sie übertragen wird. Sie sollten deshalb nie sagen, daß eine Person oder eine Sache Sie auf bestimmte Weise reagieren ›macht‹, weil das einfach nicht stimmt.

Die Art und Weise, wie Sie Ihre Umgebung und sich selbst wahrnehmen, kann bestimmt verändert werden, wenn Sie daran arbeiten. Sie nehmen sich selbst heute in bezug auf Ihre Vergangenheit wahr, was auch ganz logisch ist, denn Sie können sich nicht auf etwas anderes beziehen, es sei denn, *auf einen Plan, den Sie im Kopf haben.*

Wenn Sie genau festlegen, wie Ihr phänomenologisches Selbst sein soll, können Sie es sich auch in bezug auf die verschiedenen Aspekte Ihrer Umgebung vorstellen und eine bildliche Vorstellung davon haben, die dann wiederum Ihr Unterbewußtsein beeinflußt.

Entscheidung, Vorstellung und Visualisierung sind die Schritte, durch die Sie sich ändern können. Die Wahrnehmungen, die unser Leben am meisten beeinflussen, sind die, die unser Unterbewußtsein erreichen und dann von innen heraus arbeiten. Deshalb werden wir mehr durch unterbewußte Wahrnehmungen beeinflußt als durch Argumente oder Ratschläge. Wir nehmen ständig unterbewußt Dinge wahr, und genau diese Wahrnehmungen nähren und formen unser Unterbewußtsein. Solcherart sind auch die in der Hypnose wahrgenommenen Suggestionen, und deshalb sind sie auch so wirksam.

Die Selbsthypnose ist ein Werkzeug der Natur, um die menschliche Persönlichkeit neu anzulegen, denn sie arbeitet im und durch das Unterbewußte.

Das Unterbewußte

Wenn Sie einem Psychiater etwas vom ›Unterbewußtsein‹ erzählen, wird er Sie wahrscheinlich dahingehend korrigieren, daß die richtige Bezeichnung ›das Unbewußte‹ ist. Da Hypnotiseure die populäre Bezeichnung ›Unterbewußtsein‹ verwenden, ist eine klare Definition sicher hilfreich.

Es gibt einen Unterschied zwischen dem Unbewußten und dem Unterbewußten. Mit dem *Un*bewußten ist offensichtlich das gemeint, was *nicht* bewußt ist, und das *Unter*bewußtsein umfaßt alles, was *unter* der Bewußtseinsschwelle liegt. Beide Begriffe haben eine interessante Geschichte.

Das Konzept des Unbewußten wurde unter den Autoren deutscher Sprache von Sigmund Freud populär gemacht, bei Schweizern, Deutschen und Franzosen durch Carl Jung. Freud und Jung stimmten zwar in vieler Hinsicht überein, dem Begriff des ›Unbewußten‹ aber gab jeder der beiden eine ganz bestimmte Bedeutung.

Das Freudsche Modell besteht aus drei Komponenten: dem *Ich,* dem *Über-Ich,* und dem *Es.* Das Ich ist das bewußte ›Selbst‹ des Menschen. Das Ich ist sich der Welt und sich selbst bewußt (d. h. es ist weitgehendst *selbst*-bewußt) und ist der Teil der Psyche, der die Wirklichkeit ›testet‹. Das Ich entwickelt sich, wenn das Kind sich des Unterschiedes zwischen ›selbst‹ und Dingen, die ›nicht selbst‹ sind, bewußt wird. Das Über-Ich ist das *Gewissen* und setzt sich zusammen aus verinnerlichten Tabus, Verboten und moralisch begründeten Beschränkungen, die dem Menschen von seinen Eltern und der Gesellschaft auferlegt werden. Diese elterlichen und gesellschaftlichen Verbote werden in der Kindheit angelegt und bleiben größtenteils unbewußt. Unter dem Es versteht man die Gesamtheit der *primitiven Triebe* und das *Naturhafte.* Das Es ist völlig unbewußt. Seine Energie wird als *Libido* bezeichnet, es wird vom *Lustprinzip* gesteuert. Nach Freud bilden diese drei Komponenten, das Ich, das Über-Ich und das Es, die Struktur der Psyche. Um es zusammenfassend noch einmal vereinfacht zu sagen: Das Es sagt: »Tue es jetzt!«, das Ich sagt: »Nicht jetzt, es ist weder der richtige Zeitpunkt noch der richtige Ort, es zu tun« und das Über-Ich sagt: »Tue es niemals! Es ist überhaupt schlecht und falsch.«

Freud lehrte, daß das Es nie bewußt ist, daß es immer unbewußt war und es auch bleiben wird. Auch der größte Teil des Über-Ich ist unbewußt; nur begrenzt ist es dem Bewußtsein zugänglich. Das Ich ist größtenteils bewußt, manches davon ›vorbewußt‹. Allerdings läuft auch hier ein großer Teil völlig unbewußt ab. Der unbewußte Teil des Ich besteht aus Inhalten, die aus dem Bewußtsein verdrängt wurden, weil sie vom Ich oder Über-Ich nicht akzeptiert werden konnten oder zu bedrohlich für sie waren. Es ist wichtig zu verstehen, daß Verdrängen für Freudianer nicht gleichzusetzen ist mit Vergessen. Beim gewöhnlichen Vergessen erinnern wir uns normalerweise an das, was wir vergessen haben (zum Beispiel: »Wie war doch gleich die Telefonnummer?«). Verdrängung bedeutet, daß wir nicht nur etwas vergessen haben, sondern daß wir vergessen haben, daß wir etwas vergessen haben. Es ist uns überhaupt nicht bewußt, daß wir es je gewußt haben!

Erfahrungen, die einmal bewußt waren und nicht vollständig verdrängt wurden, liegen sozusagen an der Grenze zwischen Bewußtsein und Unbewußtem; dieser Bereich wird als das *Vorbewußte* bezeichnet. Eine Erinnerung ist vorbewußt, wenn wir sagen: »Es liegt mir auf der Zunge …« Dinge im Vorbewußten sind jetzt dem Bewußtsein entzogen, können ihm aber wieder zugänglich gemacht werden.

Man kann allgemein sagen, daß das, was die Freudianer das Vorbewußte nennen, von den Hypnotiseuren als Unterbewußtsein bezeichnet wird.

Die Freudsche Vorstellung des Geistes kann man an einer Insel im Meer veranschaulichen: Das meiste davon liegt unter der Oberfläche. Jung sah es etwas anders, wenn auch ähnlich. Für ihn gab es auch das *kollektive Unbewußte*, symbolisiert durch das Meer, das die Insel umgibt. Jung war der Meinung, daß wir, ebenso wie wir einen Körper, der das Produkt einer langen Evolution ist, vererbt bekommen haben, auf dem Wege der Evolution auch einen Geist vererbt bekamen, das kollektive Unbewußte, das sich vom persönlichen Unbewußten unterscheidet. In diesem ›Geist des Menschengeschlechts‹ gibt es bestimmte Motive, die er *Archetypen* nannte. Die Archetypen des kollektiven Unbewußten sind zwar an sich formlos, haben aber im Laufe der Menschheitsgeschichte in ziemlich stereotyper Weise eine Form in den symbolischen Darstellungen der Mythen, Legenden, Religionen, Träume und sogar psychotischen Halluzinationen bekommen. Diese Archetypen (wie das Selbst, die Gute Mutter, die Hexe, der Zauberer, der Schutzengel, Wiedergeburt usw.) üben einen starken Einfluß auf das Gute wie auf das Böse aus. Es kommt vor, daß ein Mensch von diesen archetypischen Inhalten des kollektiven Unbewußten überwältigt wird und sich damit identifiziert, statt sich dessen bewußt zu werden, daß es sich um kollektive Phänomene handelt. Er wird davon derart ausgefüllt, beherrscht oder besessen, daß es bis zum Zerfall der Persönlichkeit führen kann. Wie auch Freud war Jung der Meinung, daß das individuelle Unbewußte wie der unter Wasser liegende Teil einer Insel sei, die er aber vom Meer des kollektiven Unbewußten umgeben sah.

Bevor Freud sein Konzept vom Es ausarbeitete, hatte Georg Groddeck sein ›Book of the It‹ geschrieben, in dem er das Unbewußte als autonome, verspielte, selbstbestimmte Kraft beschrieb, deren Wirken manchmal hilfreich und manchmal schädlich sei.

Der Begriff ›Unterbewußtsein‹ wurde von Pierre Janet geprägt, und Freud machte ihm diesen Anspruch auch nicht streitig. Pierre Janet arbeitete an der Salpêtrière in Paris, wo er den Begriff ›Unterbewußtsein‹ beim Ausarbeiten seiner Theorien zur Psychopathologie verwendete, die auf seinen umfassenden Arbeiten mit Hypnose basierten.

In England und den USA wurden die Begriffe ›sublim‹ (was so viel heißt wie unter der Schwelle des Bewußtseins) und ›nebenbewußt‹ (was sich auf die autonome Funktion von Sekundärpersönlichkeiten bezieht) durch die Schriften von Myers und Prince eingeführt. Die Terminologie in England und Frankreich war fast gleich, jedoch setzte sich in medizinischen und akademischen Kreisen größtenteils der Einfluß der Freudschen Terminologie durch. Viele Psychiater und Psychologen betrachten deshalb die Verwendung des Begriffs ›Unterbewußtsein‹ durch die Hypnotiseure als ungenau und unwissenschaftlich.

Wenn wir vom ›Unterbewußtsein‹ sprechen, verwenden wir berechtigterweise einen Begriff, der sich an die großen Entdeckungen von Pierre Janet auf dem Gebiet der Hypnose, die er in der Heilanstalt Salpêtrière gemacht hat, anschließt. Unser modernes Konzept des Unterbewußten schließt die Erkenntnisse von Groddecks ›Es‹ und Freuds ›Vorbewußtsein‹ ein, ebenso wie moderne Computeranalogien.

Das Unterbewußtsein, von dem die heutigen Hypnotiseure sprechen, ist das Lager vergessener Erinnerungen, die Quelle der psychischen Energie, der die Gesundheit erhaltende Servo-Mechanismus und der programmierbare Bio-Computer, mit dem der Mensch den Geist verstehen, ihn heilen und ihn zu größten Leistungen führen kann.

Das Unterbewußtsein ist nicht schöpferisch – es arbeitet mit automatischer und blinder Genauigkeit nach den Plänen und Konzepten, mit denen es gefüttert wird. Es ist völlig *un-*

selbstbewußt; es weiß nicht, was es ist, es weiß nicht einmal, daß es existiert –, es weiß nur, wie es seine Arbeit tun muß. Es weiß nur, wie es das tun soll, was es tut; es weiß nicht und kümmert sich auch nicht darum, warum. Es sucht nicht nach der Wahrheit.

Es nimmt alle Daten, die es bekommt, für wahr. Es kann nichts vorhersagen, weil es nichts weiß, was über seine Erfahrung hinausgeht. Das Unterbewußtsein tut vieles, was Ihr Bewußtsein, ja sogar das Bewußtsein aller Menschen auf der Welt zusammengenommen, nicht tun können. Es ist unendlich komplex und dem Verständnis des Bewußtseins nicht zugänglich. Alles, was wir tun können, ist zu lernen, seine Kräfte auf intelligente Weise zu benützen.

Zweiter Teil

Die Kraft, die Sie sich zunutze machen wollen

Wenn man ›sich selbst erkennen‹ will, kann man nur die Gesamtheit der Gewohnheiten kennen, die das ›Selbst‹ ausmachen und dazu die eigenen subjektiven Reaktionen. Dieses Selbst-in-bezug-auf-die-Umwelt und die subjektiven Gefühle dazu sind das, was als das ›phänomenologische Selbst‹ bezeichnet wird. (Sie werden bald lernen, wie Sie Ihr phänomenologisches Selbst kennenlernen.)

Es gibt aber auch noch ein anderes ›Selbst‹, das berücksichtigt werden muß. Es ist das *potentielle Selbst* oder das *zukünftige Selbst*, das Sie mit dem in diesem Buch vorgeschlagenen Programm entwerfen und entwickeln werden. Da Sie dieses Buch lesen, ist anzunehmen, daß Sie an diesem Selbst am meisten interessiert sind.

Weiterentwicklung bedeutet nicht einfach ein Aufarbeiten oder Überholen des gegenwärtigen phänomenologischen Selbst. Es ist die Erlangung eines sorgfältig geplanten *zukünftigen Selbst* oder *potentiellen Selbst,* bei dem die gewünschte Weiterentwicklung bereits als vollendete Tatsache betrachtet wird.

Dieses *potentielle Selbst* oder *zukünftige Selbst* wird nach den gleichen psychologischen Grundsätzen entwickelt, nach denen auch das gegenwärtige Selbst aufgebaut wurde. Ihr potentielles oder zukünftiges Selbst wird im Laufe der kommenden Wochen, Monate und Jahre Gestalt annehmen. Es wird entweder durch Zufälle geformt werden (d. h. ohne einen bewußten Plan) oder *von Ihnen* sorgfältig geplant und programmiert.

Ihr zukünftiges Selbst wird entweder das Ergebnis zufälliger alltäglicher Erfahrungen in der Zukunft sein, oder durch den Einfluß anderer Menschen auf Sie entstehen, oder von Ihnen selbst nach dem Plan gestaltet werden, den Sie durch ernsthafte und bewußte Anwendung der Ihnen in diesem Buch vermittelten Grundsätze entwickeln werden.

In dem einen Fall verzichten Sie auf die Verantwortung, Ihr zukünftiges Selbst zu gestalten und überlassen es den unabwägbaren Zufällen der Zukunft, die sich aus Ihrer Umgebung, den Menschen und den Umständen ergeben. So wie Ihr gegenwärtiges Selbst das Ergebnis der Vergangenheit ist, wird Ihr *zukünftiges Selbst* das Ergebnis von Vergangenheit, Gegenwart und Zukunft sein.

Wenn Sie die Verantwortung für Ihr *zukünftiges Selbst* übernehmen und es nicht dem Zufall oder äußeren Umständen überlassen wollen, müssen Sie anfangen, dafür Pläne zu machen und sie in die Praxis umzusetzen. Es wird auch in der Zukunft Dinge geben, über die man keine Kontrolle hat, genauso wie in der Gegenwart. Es gibt aber einen Aspekt der Zukunft, den er oder sie kontrollieren kann, wenn er/sie es will.

Wenn man den Wunsch und das Know-how hat, kann man das zukünftige Selbst kontrollieren! Mit gut durchdachter Planung und beharrlicher Anwendung all dessen, was dieses Buch vermittelt, wird das zukünftige Selbst zu dem *potentiellen Selbst,* das Sie anstreben.

Das zukünftige Potential ist für die Vorstellung noch überwältigender als das Potential der Gegenwart. Das wichtigste von allen starken Potentialen, über die Sie verfügen, ist die Fähigkeit, zukünftige Potentiale bewußt zu beeinflussen, von denen Sie noch nicht einmal geträumt haben.

Ihr gegenwärtig unbekanntes Selbst und das sich ständig entfaltende zukünftige Selbst werden von den gleichen Kräften geformt, die Sie zu dem gemacht haben, was Sie jetzt sind. Diese Mechanismen kann man am besten in Zusammenhang mit den Grundsätzen der Hypnotik verstehen. Ich will Ihnen jetzt die wissenschaftlichen Grundsätze vermitteln, mit denen Sie Ihr Unterbewußtsein verändern können, um Erfolg und persönliche Befriedigung zu erreichen.

Das angestrebte Selbst

Das folgende Material ist ziemlich theoretisch und sollte gründlich gelesen werden. Es hatte ursprünglich den Titel ›Die Lügen mit denen wir leben – und ihre bewußte und unbewußte Korrektur‹. Es soll eine Annäherung von rationaler Psychotherapie und Hypnotherapie sein. Die Ziffern am Ende mancher Sätze beziehen sich auf Quellen, die in der Bibliographie am Ende dieses Buches aufgeführt sind.

Es gibt in der Psychologie viele Theorien darüber, warum wir uns so verhalten, wie wir es tun. Es geht dabei weniger um gegensätzliche oder sich widersprechende Standpunkte, sondern darum, daß sie die gleichen Tatsachen von einem unterschiedlichen Gesichtspunkt aus betrachten. Jede psychologische Theorie enthält sehr viele Wahrheiten; wir beschäftigen uns hier jedoch hauptsächlich damit, wie nützlich oder hilfreich eine Theorie oder Methode ist. Was hier gesagt wird, soll keine neue Theorie sein oder die Überlegenheit einer bestimmten psychotherapeutischen Methode beweisen; es soll einfach ein pragmatisches Behandlungsprinzip aufzeigen, daß wir für unseren Zweck der Weiterentwicklung durch Selbsthypnose anwenden können.

Die sogenannte ›rationale Psychotherapie‹ legt großen Wert auf die Gedanken, Vorstellungen und Wahrnehmungen eines Menschen, die das Verhalten bestimmen und beeinflussen. Wir handeln in bestimmter Weise, weil wir meinen, daß unsere Handlungen angebracht oder durch die Umstände gerechtfertigt sind. Wir sind aus verschiedenen Gründen zu der Überzeugung gekommen, daß wir uns auf eine bestimmte Art benehmen sollen und bekommen Angst oder Schuldgefühle, wenn wir es nicht tun.[10]

Die einfachste Aussage zu diesem Grundsatz findet sich in dem Bibelspruch: »Wie ein Mensch in seinem Herzen denkt, so ist er.« Dieser Satz ist oft umschrieben worden mit: »Man ist nicht das, was man denkt zu sein, sondern was man denkt, ist man!« Was immer auch sonst noch für das menschliche Verhalten zutrifft, soviel ist sicher: Wir handeln in bestimmter Weise, weil wir nach dem, was wir glauben, gar nicht anders handeln können. Geistige und seelische Gesundheit hängt nicht so sehr davon ab, ›positiv zu denken‹ als vielmehr vernünftige Voraussetzungen zu haben, die für die Integration der Persönlichkeit, die gesellschaftliche Anpassung, persönlichen Erfolg und Glück förderlich sind.

Ihr ›Verhaltensmuster‹ leitet sich von Ihrem ›Gedankenmuster‹ ab, das wiederum von Ihren Wertsystemen, den geistigen Vorgängen und Sinneswahrnehmungen herrührt.[22] Man kann das alles natürlich bis in die früheste Kindheit zurückverfolgen, und es könnte vieles aus dem Einfluß der Eltern, Geschwister, Lehrer usw. erklärt werden. Tatsache ist und bleibt aber, daß Sie sich immer so verhalten haben, wie Sie es taten, weil es Ihnen irgendwie ›sinnvoll‹ erschien (auch wenn es in Wirklichkeit irrational war) aufgrund Ihrer Wahrnehmung der Situation und der Vorstellungen, die Sie leiten.

Der gut angepaßte Mensch sollte sich an der Realität ausgerichtet haben und nicht allein an seiner eigenen Exzentrizität. Ein festes gedankliches System, das auf falschen Vorstellungen von sich selbst und der Welt beruht, muß in gewissem Grade zu einem schlecht angepaßten Verhalten führen, d. h. zu einem Verhalten, das weder in physischem noch sozialen Sinn für das Überleben oder die Selbsterhaltung einen Wert hat. Keine noch so lange Therapie oder Selbsthilfeprogramme können eine dauerhafte Wirkung zeigen, wenn solche falschen gedanklichen Systeme nicht angegangen und verändert werden.

Es liegt in der Natur des Menschen, sein Leben nicht an Voraussetzungen auszurichten, die ihm absurd erscheinen.

Wie absurd das Verhalten tatsächlich auch sein mag, es wird immer versucht, es zu rationalisieren, so daß es ›sinnvoll‹ ist.[12] Irrige Vorstellungen, die auf falschen oder verzerrten Wahrnehmungen beruhen, führen zwangsläufig zu einem unangepaßten Verhalten. Man ist ständig bemüht, entweder sein Verhalten oder seine Einstellung ein bißchen zu verändern, damit die Diskrepanz nicht zu groß wird. Zu Problemen kommt es dann, wenn dieser Anpassungsprozeß nicht von der Realität beeinflußt wird, sondern nur von falschen Vorstellungen darüber, was wahr oder richtig ist oder von einem erwartet wird.

Hier gibt die rationale Psychotherapie Hoffnung, denn mit den meisten Menschen kann man vernünftig reden, vorausgesetzt natürlich, daß der Therapeut rational denkt und weiß, wie er mit den Menschen richtig kommunizieren kann.[23] Mit solcher Hilfe kann das Lebensmuster eines Menschen, das sich gegen ihn selbst richtet, zum Besseren verändert werden. Diese rationale Methode funktioniert natürlich nicht bei Menschen, die dem intellektuell nicht gewachsen oder emotional zu sehr gestört sind, um einer vernünftigen Diskussion zu folgen. Mit den meisten Menschen kann man aber ganz gut so reden. Sie suchen nach Antworten und nach jemandem, der ihnen hilft, ihrem Leben ›einen Sinn zu geben‹. Jeder Mensch, sei er normal oder neurotisch, kann seine Lebensweise nur dann ändern, wenn es nicht mehr durch sein Wertsystem oder Vorstellungen gerechtfertigt wird. Die Menschen können ›ihre Einstellung‹ mit der rationalen Psychotherapie ganz entschieden und dauerhaft verändern und dadurch die für ein rationales Verhalten nötige Grundlage gewinnen. Jedes neurotische, abweichende oder unangepaßte Verhalten kann und sollte vom Therapeuten als irrational betrachtet werden, d. h. von falschen Vorstellungen ausgehend.

Ein Patient beispielsweise regte sich über einen Psychiater so sehr auf, daß er sich weigerte weiterzumachen, und zwar nur deshalb, weil der Psychiater im Verlauf des Gesprächs immer wieder bemerkte: »Das ist dumm.« Damit hat sich der Psychiater schroff und unsympathisch verhalten, und der Patient hatte ganz recht, sich beleidigt zu fühlen. Wenn bei einem Menschen ein ernstes Symptom vorliegt, sollte man es nicht als ›dumm‹ bezeichnen, ganz gleich wie irrational es ist. Es muß darauf geachtet werden, die Gefühle eines Menschen nie herunterzuspielen, die zumindest für ihn selbst nie ›dumm‹ sind. Man sollte ihm aber erklären, warum es sich in diesem Fall um eine unkluge und unnötige Reaktion handelt.

Keine Verhaltensstörung ist dumm, wenn man das dahinter liegende Wertsystem und die Vorstellungen betrachtet; im Gegenteil, es ist sinnvoll in bezug auf das, was der betreffende Mensch von sich selbst und seiner Beziehung zu der von ihm so gesehenen Welt hält. Wenn diese grundlegenden Voraussetzungen aber irrational sind, wird das sich daraus ergebende Verhalten ebenso sein. Eine Verhaltensstörung kann nur dann als dumm bezeichnet werden, wenn man das Leben von einem rationaleren Gesichtspunkt aus sieht –, und genau das ist einem verhaltensgestörten Menschen ohne Hilfe nicht möglich.

Die rationale Psychotherapie basiert auf der Annahme, daß wichtige Emotionen oder Handlungen auf der Einstellung oder Vorstellung beruhen, die ein Mensch bewußt oder unbewußt hat. Ein unangepaßtes, selbstzerstörerisches oder neurotisches Verhalten wird durch eine unlogische oder irrationale Einstellung verursacht, und dabei wird ein Teufelskreis in Bewegung gesetzt, bei dem sich die falschen Vorstellungen und die Handlungen gegenseitig ständig verstärken. Ein auf dieser Voraussetzung basierendes Programm zur Selbstverwirklichung oder eine Therapie müssen dem Betreffenden das irrationale Wertsystem bewußt machen, das der Störung zugrunde liegt und sie verstärkt, sie in einer Art interpretieren, die der Patient verstehen kann, und ihn oder sie zu einer rationaleren Lebensweise führen. Das bedeutet, einfühlsam zu handeln, zu denken und zu fühlen. Der Patient muß einsehen, wie wichtig es ist, diese irrationalen Vorstellungen aufzugeben, die er sich durch Selbstindoktrination angeeignet hat. Er muß dazu ermutigt werden, statt dessen rationale Werturteile anzunehmen, das alte Verhalten abzulegen, es durch ein neues, positives zu ersetzen und dieses zu verstärken.

An dieser Stelle ist es angezeigt, sich einmal typische rationale und irrationale Wertsysteme und die ihnen zugrunde liegenden Vorstellungen anzusehen. Die grundlegendsten und häufigsten Annahmen werden in den folgenden Spalten aufgeführt.[10] Die in Spalte A aufgeführten sind irrational, unsinnig und falsch und können deshalb nur zu einem gestörten und selbstzerstörerischen Verhalten führen. In Spalte B werden die rationalen Gegenstücke zu Spalte A genannt. Alle Aussagen wurden in der ersten Person geschrieben, um sie persönlicher zu machen und auch aus Gründen, die später bei der Selbsthypnose wichtig sein werden.

Irrationale Vorstellung Nr. 1

Es ist für mich unheimlich wichtig, von möglichst jedem für das, was ich tue, anerkannt oder geliebt zu werden. Es ist für mich sehr wichtig, was andere von mir denken. Ich verlasse mich lieber auf andere als auf mich selbst.

Was ist daran falsch?

Zuallererst, warum sollte es für Sie so ›unheimlich wichtig‹ sein, für alles akzeptiert oder geliebt zu werden? Welche schrecklichen Dinge würden passieren, wenn Sie diese Zustimmung und Liebe nicht bekommen? Niemand wird für alles, was er tut, geliebt oder akzeptiert. Außerdem werden Sie, wenn Sie sich mehr auf andere verlassen wollen als auf sich selbst, stets unreif und abhängig bleiben.

Rationale Vorstellung Nr. 1

Ich finde es angenehm, aber es ist für mich nicht so wichtig, von möglichst allen anderen Menschen akzeptiert oder geliebt zu werden. Es ist mir wichtiger, mich selbst zu respektieren, als von anderen anerkannt zu werden. Es ist mir wichtiger, auf eigenen Füßen zu stehen, als von anderen abhängig zu sein.

Was ist daran besser?

Vor allem deshalb, weil zwischen dem Angenehmen und dem unbedingt Notwendigen unterschieden wird – das sind zwei ganz verschiedene Dinge. Außerdem wird die Selbstachtung auf gesunde Weise gestärkt, und Sie werden dadurch reifer und unabhängiger.

Irrationale Vorstellung Nr. 2

Ich sollte auf allen möglichen Gebieten Kompetenz, Talent und Intelligenz beweisen. Das Wichtigste im Leben sind Leistung und Erfolg. Ich bin wertlos, wenn ich nicht kompetent genug bin.

Was ist daran falsch?

Wir alle kennen den Satz: »Wenn etwas es wert ist, getan zu werden, dann soll es gut getan werden.« Es gibt aber Dinge, die es wert sind, getan zu werden, ganz gleich, ob sie gut oder weniger gut getan werden! Bestimmte Freizeitaktivitäten und kulturelle Veranstaltungen lohnen sich wie alles, was zur persönlichen Entwicklung beiträgt, ganz gleich, wie kompetent man darin ist. Die wenigsten von uns werden es zu herausragenden Leistungen im Sport, in Musik, Kunst usw. bringen. Allein uns damit zu beschäftigen, bereichert uns schon. Der Wert eines Menschen hängt nicht von seiner Tüchtigkeit oder glänzenden Leistungen ab.

Rationale Vorstellung Nr. 2

Es ist für mich besser, mich auf das Tun zu konzentrieren als darauf, etwas möglichst gut zu tun; mich als unvollkommenen Menschen zu akzeptieren, der seine Grenzen und Fehler hat, ob ich nun tüchtig bin und etwas leiste oder nicht.

Was ist daran besser?

Sich darauf zu konzentrieren, etwas ›gut zu machen‹, hindert uns oft daran, etwas zu leisten. Wenn wir uns aber mehr auf das Tun an sich konzentrieren, lernen wir vielleicht, es gut zu tun. Es gehört zur menschlichen Natur, Grenzen zu haben. Warum sich also nicht allen anderen Menschen anschließen und den Anspruch aufgeben, ein Übermensch zu sein? Beschneiden Sie nicht Ihre Möglichkeiten, sich weiterzuentwickeln, weil Sie meinen, besser als andere sein zu müssen. Konzentrieren Sie sich darauf, mitzumachen und die Vorteile lohnenswerter Aktivitäten zu genießen.

Irrationale Vorstellung Nr. 3

Ich muß mich für meine Fehler und Verfehlungen streng bestrafen. Dadurch werde ich in Zukunft weniger Fehler machen.

Was ist daran falsch?

Sich selbst die Schuld zu geben und sich zu bestrafen heißt, alle Verantwortung allein zu übernehmen. Niemand erwartet eine so morbide Introspektion von Ihnen; durch einen Märtyrerkomplex werden Sie sich nur noch mehr auf die Fehler konzentrieren, die Sie vermeiden wollen. Sie sollten aus Ihren Erfahrungen die für Ihre künftige Entwicklung nötigen Erkenntnisse gewinnen und sie nicht als Entschuldigung für das neurotische Bedürfnis nach Selbstbestrafung benützen.

Rationale Vorstellung Nr. 3

Ich sollte meine Fehler und Verfehlungen eingestehen und sie als Anhaltspunkt für meine Weiterentwicklung sehen. Wenn ich diese Fehler ausmerzen will, ist es meist nur ein Hindernis, mich zu bestrafen.

Was ist daran besser?

Es tut niemand gut, daran hängenzubleiben, unangenehme Erinnerungen bis ins einzelne zu zerlegen. Es ist eine Form des negativen Denkens, sich nur noch mit negativen Folgen von etwas zu beschäftigen. Diese im Unbewußten versenkten Autosuggestionen führen dann immer wieder zu den gleichen Fehlern. Sie verschwenden dafür wertvolle Energie, die Sie für wirklich konstruktives Handeln einsetzen können.

Irrationale Vorstellung Nr. 4

Ich muß die anderen Menschen für ihr falsches oder sündhaftes Verhalten bestrafen. Ich muß mich über die Fehler und Dummheiten der anderen aufregen. Ich muß viel Zeit und Energie darin investieren, die anderen zu besseren Menschen zu machen, indem ich sie gründlich kritisiere und auf alle ihre Fehler energisch hinweise.

Was ist daran falsch?

Wer hat Sie zum Verbesserer dieser Welt ernannt? Es ist pure Energieverschwendung, bei anderen Dinge zu kritisieren, die Sie nicht mögen, und deshalb an ihnen herumzunörgeln. Wenn Sie meinen, sich über die Dummheiten der anderen aufregen zu müssen, werden Sie feststellen, daß es auf der Welt genug dumme Menschen gibt, die dann Ihre ganze Aufmerksamkeit in Anspruch nehmen und Sie ständig in Aufregung versetzen!

Rationale Vorstellung Nr. 4

Menschen, die Fehler machen oder ›sündhaft‹ handeln, irren sich einfach. Ihnen dafür die Schuld zu geben, ist weder gerecht noch effektiv. Mich über die Fehler und Dummheiten anderer aufzuregen, hilft weder den anderen noch mir. Es ist sinnvoller, meine eigenen Fehler zu korrigieren als zu versuchen, andere zu bessern. Ich kann den anderen am besten dadurch helfen, daß ich ein gutes Vorbild bin.

Was ist daran besser?

Damit gehen Sie das Leben besser an, denn Sie können sich dadurch auf effektive Weise Ihrer Weiterentwicklung widmen, statt (wie es Mark Twain ausgedrückt hat) »sich darum zu bemühen, anderen Gutes aufzudrängen, die es nicht schätzen«. Jesus hat gesagt, daß nur der Scheinheilige sich um den Splitter im Auge des anderen kümmert. Sie helfen den anderen mehr, wenn Sie sich selbst mehr Zeit für Ihre Weiterentwicklung nehmen.

Irrationale Vorstellung Nr. 5

Weil irgend etwas mein Leben einmal stark beeinflußt hat, sollte es auch immer so sein. Weil ich einmal schwach und hilflos war, muß ich es immer sein. Weil meine Eltern oder die Gesellschaft mich gelehrt haben, bestimmte Traditionen zu akzeptieren, muß ich sie zwangsläufig für immer übernehmen.

Was ist daran falsch?

Die negativen Erfahrungen der Vergangenheit müssen Sie nicht auch den Rest Ihres Lebens beeinflussen; Sie können Ihr Leben ändern. Das Schlüsselwort dazu ist ›gedankenlos‹ – viele Traditionen sind einfach nicht mehr zeitgemäß. Wenn ein Mensch von sich sagt, daß er so glaubt und handelt wie seine Eltern und Großeltern (als ob das rechtfertigen würde, daß er die Dinge nicht rational analysiert), können wir nur dafür danken, daß seine Vorfahren keine Verbrecher waren!

Rationale Vorstellung Nr. 5

Ich sollte aus meinen Erfahrungen lernen, aber nicht übermäßig an ihnen hängen oder durch sie beeinflußt sein. Auch wenn ich einmal schwach und hilflos war, muß ich es jetzt, als Erwachsener, nicht sein. Ich sollte gut über alle alternativen Verhaltensweisen nachdenken, statt nur auf die übliche und durch die Tradition vorgegebene Weise zu handeln.

Was ist daran besser?

Auf diese Weise kann man das Leben besser angehen, denn die Verantwortung dafür wird der Person zugeordnet, die sie innehaben soll – und das sind Sie. Es kann gut sein, daß Sie dennoch ein größtenteils von der Tradition bestimmtes Leben führen. Sie sollten diese Möglichkeit aber frei gewählt und die Alternativen gründlich bedacht haben, nicht nur unbewußt einer Norm folgen.

Irrationale Vorstellung Nr. 6

Es ist für mich ganz schrecklich und schlimm, wenn es nicht so läuft, wie ich es gerne hätte. Es sollte besser laufen. Die anderen sollten mir das Leben leichter machen und mir über die Schwierigkeiten hinweghelfen. Ich sollte nicht in der Gegenwart erreichbare Annehmlichkeiten für zukünftigen Gewinn aufgeben müssen.

Was ist daran falsch?

Der Mensch hat die Tendenz, jede Kleinigkeit im Leben zu dramatisieren. Nichts ist wirklich eine Tragödie, es sei denn, andere Menschen werden zu Witwen und Waisen gemacht. Verwenden Sie diese dramatische Beschreibung nur für Ereignisse, die große Gebäude einstürzen lassen und nicht für die verhältnismäßig geringfügigen Rückschläge im Leben. Man sollte von anderen nicht mehr erwarten, als man ihnen gibt, und man sollte anderen helfen, ohne eine Gegenleistung zu erwarten. Ein sich jetzt anbietendes Vergnügen sollte abgelehnt werden, wenn man dadurch einen zukünftigen Gewinn aufs Spiel setzt. Es zeugt von einem absolut unreifen Charakter, wenn man sich für eine relativ triviale, narzißtische Befriedigung entscheidet.

Rationale Vorstellung Nr. 6

Es ist ein unglücklicher Zufall, wenn die Dinge nicht so laufen, wie ich es gerne hätte. Ich sollte die Bedingungen dafür zum Besseren verändern. Wenn das unmöglich ist, gebe ich lieber nach und sage mir nicht ständig, wie schrecklich alles ist. Es ist schön, wenn andere mir über die Schwierigkeiten im Leben hinweghelfen. Wenn sie es nicht tun, kann ich mit diesen Schwierigkeiten selbst fertig werden. Wenn es mir wichtiger ist, daß es mir jetzt gut geht, werde ich meinem Wohlbefinden in der Zukunft nicht im Wege stehen.

Was ist daran besser?

Diese Vorstellung ist besser, weil sie zu einem anpassungsfähigeren, unabhängigeren Verhalten und zu positiven Resultaten führt. Negative Autosuggestion wird dadurch vermieden, Ihre Aufmerksamkeit auf erreichbare Ziele gelenkt.

Irrationale Vorstellung Nr. 7

Es ist leichter, sich vor den Schwierigkeiten und der Verantwortung im Leben zu drücken. Untätigkeit, Nichtstun ist notwendig und/oder angenehm. Ich sollte mich dagegen wehren, Dinge zu tun, die zwar nötig, aber nicht angenehm sind.

Was ist daran falsch?

Erzwungene Untätigkeit führt zu Langeweile und Unproduktivität; warum sollte es bei selbstgewählter Untätigkeit anders sein? Als ein Student zu seinem Professor sagte, daß er seine Arbeit nicht geschrieben habe, weil er keine Lust dazu gehabt hätte, antwortete dieser: »Sie werden im Laufe Ihres Lebens immer wieder überrascht feststellen, wie viele Dinge auf dieser Welt von Menschen erledigt werden, die dazu nicht besonders viel Lust hatten!« Außerdem gibt es bei jedem Vorhaben Dinge, die man nicht besonders gern tut; erst die Gesamtheit des Erreichten bringt Befriedigung. Wer nicht auch die unangenehmen, aber notwendigen Dinge im Leben frohen Mutes erledigt, wird nie viel machen, was der Mühe wert ist.

Rationale Vorstellung Nr. 7

Der scheinbar leichtere Weg ist auf lange Sicht normalerweise der viel schwierigere. Schwerwiegende Probleme kann man nur lösen, wenn man ihnen ins Auge sieht. Untätigkeit, Nichtstun sind normalerweise nicht notwendig und relativ unangenehm. Die Menschen sind meist dann am glücklichsten, wenn sie sich aktiv mit etwas Kreativem beschäftigen. Ich sollte Dinge, die nötig sind, tun, auch wenn sie unangenehm sind, ohne mich darüber zu beklagen oder mich dagegen aufzulehnen.

Was ist daran besser?

Es ist eine bessere Lebensphilosophie, denn es ist eine erwachsene Denkweise. So gehen Menschen ihre Aufgaben an, die im Leben erfolgreich sind. Es ist eine Art Leitsatz für wirklichen Erfolg.

Irrationale Vorstellung Nr. 8

Die meisten Glückserlebnisse werden durch äußere Umstände ausgelöst, werden mir von anderen Menschen und Ereignissen aufgenötigt. Ich habe meine Emotionen eigentlich nicht in der Hand und muß mich oft gezwungenermaßen schlecht fühlen.

Was ist daran falsch?

Junge Leute würden einen solchen Menschen vielleicht als ›Niete‹ bezeichnen. Es ist ein weinerliches Verhalten, geprägt von dem Gedanken ›ach, ich armer Mensch‹, womit Sie für immer auf den Status quo festgelegt sind.

Rationale Vorstellung Nr. 8

Mein Unglücklichsein wird viel mehr durch meine Einstellung zu den Menschen und Ereignissen verursacht und aufrechterhalten als durch die Menschen und Ereignisse selbst. Ich habe meine Emotionen ganz in der Hand, wenn ich daran arbeite und mir Sätze einpräge, die logisch sind und mit denen ich mir nicht selbst schade.

Was ist daran besser?

Diese Vorstellung ist besser, weil es wirklich so ist. Sie ist besser, weil es mit einer solchen Einstellung ›läuft‹. Sie ist besser, weil sie Sie von dem Irrtum befreit, das Opfer äußerer Umstände zu sein. Sie können damit anfangen, Ihr Leben positiv zu verändern.

Irrationale Vorstellung Nr. 9

Wenn etwas für mich gefährlich oder verletzend ist oder sein könnte, muß ich mir ständig schreckliche Sorgen darüber machen. Es ist mir eine Hilfe, mir über die schlimmsten Möglichkeiten Sorgen zu machen, damit das Problem gar nicht auf mich zukommt.

Was ist daran falsch?

Sich einfach ›schreckliche Sorgen‹ über etwas zu machen ist eine panische Reaktion, die zur Lösung eines Problems überhaupt nichts beiträgt. Viele Menschen benehmen sich wie die alte Dame, die meinte: »Sagen Sie nicht, daß Sich-Sorgen-machen nicht hilft. Wenn ich mir über etwas furchtbare Sorgen mache, trifft es nie ein!« Viel zu viele Menschen sorgen sich entweder wegen Dingen der Vergangenheit, die nie passiert sind oder Ereignissen in der Zukunft, die nie eintreten! Es ist eine schreckliche Verschwendung geistiger Kraft. Sich Sorgen machen und grämen ist die häufigste Form negativen Denkens. Es läßt Sie keine Alternativen oder Lösungen mehr sehen und hindert Sie daran, die Probleme wirklich anzugehen.

Rationale Vorstellung Nr. 9

Wenn etwas für mich gefährlich oder verletzend ist oder sein könnte, sollte ich mich dem stellen und versuchen, das Problem zu ›entschärfen‹. Wenn das nicht möglich ist, sollte ich mich auf andere Dinge konzentrieren und mir nicht ständig sagen, daß ich wirklich in einer schrecklichen Situation bin. Mir über die schlimmsten Möglichkeiten Sorgen zu machen, wird kaum verhindern, daß sie vielleicht doch eintreten. Es hält mich höchstens davon ab, ihnen effektiv entgegenzutreten.

Was ist daran besser?

Diese Vorstellung ist besser, weil sie besser ist! Jetzt sollten Sie erfaßt haben, worum es geht.

Wir verstärken unsere Vorstellungen und Wertsysteme normalerweise durch eine Art Selbstgespräch, das in Wirklichkeit eine Autosuggestion ist.[16] Diese Funktion der Suggestion – die entweder von einem selbst oder von anderen kommt – beim Aufbau unserer inneren Vorstellungen (auch wenn sie falsch sind)[8] macht deutlich, welche Rolle die Hypnose als zusätzliche Methode bei der rationalen Psychotherapie spielen kann. Da uns jetzt klar ist, daß Suggestion (durch einen selbst oder durch andere) beim Aufbau unserer inneren Vorstellungen (ob richtig oder falsch)[8] eine wichtige Rolle spielt, liegt der Schluß nahe, daß die Hypnose bei einer rationalen Psychotherapie eine wirkliche Hilfe ist.

Man kann das Verhalten erwachsener Menschen, das gleichzeitig irrational, unangepaßt und doch fast festgefahren und zwanghaft ist, nur von Grund auf verstehen, wenn man es in einem hypnologischen Zusammenhang sieht. Klinische Hypnotiseure wissen sehr gut, daß Suggestionen ganz unlogisch sein können und trotzdem ausgeführt werden. Ein hypnotisierter Mensch akzeptiert und handelt nach Suggestionen, die mit der objektiven Realität unvereinbar sein können.[26,33] Das Unbewußte ›denkt‹ offensichtlich nicht induktiv.[25] Es ›denkt‹ bis zu einem gewissen Grad deduktiv, was dazu führt, daß auf völlig unlogische oder falsche Vorgaben ›logische‹ Resultate folgen.

So wird eine offensichtlich falsche Behauptung wie »im Zimmer wird es kälter. Es wird kälter und kälter. Sie spüren, wie es kälter wird«, *wenn sie vom Unbewußten akzeptiert wird* (wie es bei einem Hypnotisierten der Fall ist, dessen kritische Wahrnehmung bis zu einem gewissen Grad ausgeschaltet ist), für diesen Menschen in jeder Hinsicht *Wirklichkeit*. Das heißt, ein falscher Vorsatz (»Das Zimmer wird kälter« usw.) wird widerspruchslos akzeptiert (ohne bewußtes, analytisches, induktives Denken) und was auch immer (deduktiv) daraus folgen würde, tritt auch wirklich ein (d. h., die Raumtemperatur wird als kälter empfunden, und bei dem Hypnotisierten treten unwillkürlich bestimmte körperliche Veränderungen ein). Ein hypnotisierter Mensch kann auf eine Weise reagieren, die von ihm selbst als völlig logisch wahrgenommen wird und doch für jeden Beobachter, der sieht, daß die Voraussetzung falsch ist, absolut irrational ist.

Daraus folgt, daß das Unbewußte nach dem handelt, was es für wahr hält oder es als solches wahrnimmt, und das kann mehr auf einer Feststellung beruhen als auf einer induktiven oder kritischen Schlußfolgerung. Diese grundlegende Tatsache, die allen experimentellen und klinischen Hypnotiseuren bekannt ist, liefert die Basis für ein leicht verständliches Konzept der Ursache vieler seelischen Störungen und psychosomatischen Krankheiten. Wenn der Geist aus praktischen Gründen in einen Hypnosezustand versetzt wird (d. h. in einen Zustand begrenzten Bewußtseins, in dem er verbale Impulse unkritisch aufnimmt), nimmt er einfache Feststellungen als tatsächlich vorhanden wahr, und das zukünftige Denken und Verhalten wird davon zutiefst beeinflußt.

Dieser durch Hypersuggestibilität charakterisierte Bewußtseinszustand tritt oft auch auf, ohne durch Hypnose bewußt herbeigeführt zu sein. Tatsächlich hat jeder Mensch schon mehrmals in seinem Leben hypnotische Zustände erlebt. Solche Zustände führt man selbst durch intensive Konzentration oder geistige Versenkung herbei, oder sie werden durch äußere Umstände ausgelöst, die spontan durch Umwelteinflüsse entstehen, die die emotionale Ebene sehr stark ansprechen.[8] Dazu gehören der Verlust eines geliebten Menschen, ein schreckliches Erlebnis, Verwirrung oder ein mentales Trauma[31] ebenso wie Einschüchterung oder Drogen (wie zum Beispiel in Kriegszeiten mit den Kriegsgefangenenlagern, die ›Gehirnwäsche‹, usw.).[20]

Psychiater betonen, daß die ersten sechs Lebensjahre für die Bildung der Persönlichkeit entscheidend sind und daß dann viele psychologische und persönlichkeitsbildende Faktoren für alle Zeit festgelegt sind.[13] Moderne Hypnologen haben nachgewiesen, daß die geistigen Zustände in der Kindheit und der Hypnose viel gemeinsam haben.[1] Ein kleines Kind ahmt das Verhalten anderer nach und ist hypersuggestibel, es kann geistig Dinge identifizieren, aber nicht unterscheiden. Man könnte sagen, es befindet sich in einem Zustand ständiger hypnotischer Trance.

Die Feststellungen, die sich unter den obengenannten Umständen im Unbewußten festsetzen, haben immer die Wirkung hypnotischer oder posthypnotischer Suggestionen. Sie werden durch das normale Verhalten, die Wiederholung des ursprünglichen Impulses und durch das Selbstgespräch verstärkt.[8,16] Diese hypnologische Interpretation psychopathischer Ursachenforschung umfaßt alles, was über die Schuldgefühle, Verdrängung und psychische Traumata bei neurotischem und unangepaßtem Verhalten bekannt ist. Sie bestätigt und vervollständigt die traditionellen psychiatrischen Konzepte eher, als daß sie ihnen widerspricht.

Es ist sehr leicht zu begreifen, woher die spontan entstehenden Zustände der Hypersuggestibilität stammen, da sie unabdinglich zum normalen Leben mit seinen oft ungewöhnlichen Streßsituationen gehören. Die als ein Trancezustand erlebte frühe Kindheit und die durch traumatische Erlebnisse entstandenen unwillkürlichen Trancezustände[1,13] führen dazu, daß der Geist im Leben oft unkritisch akzeptiert, was an sich völlig absurd ist.

Woher kommen diese absurden Feststellungen, die die Kraft von hypnotischen Suggestionen haben? Die Antwort darauf führt zum Ursprung irrationaler Wertsysteme und falscher Lebensphilosophien, so daß der Klient erkennen kann, daß die Voraussetzungen, aus denen sich sein Verhalten ›logisch‹ ableitete, in sich selbst falsch sind.

Solche Vorstellungen haben praktisch alle Menschen in sich. Als Kinder nehmen wir unzählige Reize auf, sind hypersuggestibel, anpassungsfähig und ahmen andere nach; wir werden von Eltern, Verwandten, Geschwistern und Spielkameraden ständig geformt.[2] Das Unbewußte eines Kindes wird durch direkte Aussagen, autoritative Befehle, durch sarkastische Bemerkungen oder versteckte Andeutungen ununterbrochen positiv oder negativ beeinflußt.[24] Selbst wenn kritisches Denken und intellektuelles Urteilsvermögen sich entwickelt haben, kann das bewußte Denken zeitweise durch Traumata, Verwirrung oder andere bereits erwähnte Faktoren lange genug unterbrochen werden, daß Aussagen anderer in das Unbewußte eindringen können. Eine andere mögliche Quelle solcher Feststellungen ist unser eigener Geist. Wir denken in verbalen Symbolen und sprechen praktisch ständig ›mit uns selbst‹. Diese lautlose Selbstverbalisierung ist keineswegs lächerlich, sondern für ein klares Denken und eine deutliche Ausdrucksweise sehr wichtig.[16] Diese Selbstverbalisierung kann, wenn sie auf emotionale oder persönliche Aspekte bezogen wird, die Kraft von Autosuggestionen haben, die normalerweise bei der Selbsthypnose angewendet werden.[8]

Untersuchungen zur hypnotischen Suggestibilität und verschiedenen hypnotischen Phänomenen weisen darauf hin, daß die hypnologische Definition von ›Suggestion‹ direkte Anweisungen, Befehle, versteckte Andeutungen und sogar nicht verbale Hinweise umfassen kann.[32] Die nicht verbale Kommunikation ist ein selten berücksichtigter, aber äußerst wichtiger Faktor beim Studium der Kommunikationstheorie. So können ein schneller Blick, ein ärgerlicher Gesichtsausdruck oder jede Geste, mit der man im allgemeinen eine

Emotion ausdrückt oder unterdrückt, von einem empfänglichen Geist so aufgefaßt werden, als ob sie ein Werturteil ausdrücken sollen. Diese Wahrnehmungen werden durch Selbstverbalisierung verstärkt, ob sie richtig oder falsch sind. Wenn sie die Vorstellungskraft ungewöhnlich stark beeinflussen, können sie sogar selbsthypnotische Kraft haben.[3]

Die nun folgende Liste enthält Beispiele von Äußerungen, wie man sie jeden Tag in durchschnittlichen Familien, in Schulzimmern und am Arbeitsplatz hören kann. Zum Glück treffen sie meist auf taube Ohren und werden gleichgültig, empört oder belustigt aufgenommen, weil sie auf bewußter Ebene kritisch bewertet und summarisch zurückgewiesen werden. Wenn sie bei Hypersuggestibilität in tiefere Bewußtseinsebenen eindringen und im Unbewußten als wahre Feststellungen aufgenommen würden, würden sie das Verhalten und Gedankenmuster eines Menschen auf unbewußter Ebene beeinflussen.

»Mußt du immer alles falsch machen?«
»Du kannst nichts richtig machen!«
»Du läßt geistig wirklich stark nach!«
»Was ist los, bist du taub (blind)?«
»Du benimmst dich wie ein Elefant!«
»Du bist so ungeschickt!«
»Dummkopf!«
»Du bist wirklich eine Niete!«
»Du bist genau wie dein Vater (deine Mutter, etc.)!«
»Mit dir kann man nichts anfangen!« (»genau wie mit ...«)
»Aus dir wird nie etwas werden!«
»Du bist ein schmutziger kleiner Lügner!«
»So etwas Häßliches tut man nicht!«
»Wenn du nicht mehr zustande bringst, dann laß es lieber bleiben!«

»Du bist mir hier nur im Weg!«
»Verzieh dich!«
»Mußt du hier wie ein Idiot herumstehen (rot werden, zittern, herumstottern, krumm dastehen, glotzen, usw.)?«
»An deiner Stelle wäre ich zu Tode erschrocken (total durchgedreht, bodenlos traurig usw.).«
»Wir kommen sehr gut ohne dich zurecht!«
»Niemand hat dich nach deiner Meinung gefragt!«
»Halt den Mund und kümmere dich um deine eigenen Angelegenheiten!«

Diese Liste der wenig schmeichelhaften, erniedrigenden und negativen Dinge, die wir jeden Tag hören, könnte endlos fortgeführt werden. Stellen Sie sich vor, welche zerstörerische Wirkung es hätte, wenn wir diese Bemerkungen wörtlich nehmen würden. Und denken Sie dann daran, daß das Unterbewußtsein alles ganz wörtlich nimmt. Stellen Sie sich vor, wie Sie sich fühlen und handeln würden, wenn Sie irgendeine dieser Bemerkungen über Sie für absolut zutreffend hielten. Stellen Sie sich vor, was mit Ihnen passieren könnte, wenn Ihrem Unterbewußtsein unter dem Einfluß von Drogen, Hypnose oder irgendeiner anderen emotionell sensibilisierenden Erfahrung einer dieser negativen Gedanken eingepflanzt – *vielleicht sogar ohne Ihr Wissen* – [20] und immer wieder verstärkt würde. Stellen Sie sich vor, wie Sie sich fühlen, wie Sie denken und handeln würden, wenn Sie unbewußt davon überzeugt wären, daß irgendeine dieser Behauptungen wahr ist.

Wenn Sie sich davon eine Vorstellung machen können, verfügen Sie auch über tiefe Einsicht in die Tragödien zahlloser unangepaßter, enttäuschter, unglücklicher Menschen, deren Leben unter einem seltsamen Zwang steht, auf einer Basis, die so irrational wie frustrierend ist.

Die Hypnotherapie ist nur die kluge und ethisch fundierte Anwendung bestimmter geistiger Prinzipien, die das tägliche Leben jedes Menschen beeinflussen. Damit werden auf rationalem Weg die Irrationalitäten in unserem Leben ausgeräumt.[3, 8] Damit können wir die Kraft der Suggestion ganz gezielt für unser Wohlbefinden einsetzen, diese Kraft, die uns auch schaden kann und das manchmal auch tut. Die schädigende Wirkung von Suggestionen auf einen in irgendeiner Weise empfänglich gemachten Geist kann durch Hypnose umgekehrt werden. Das Leben setzt die Kraft der Suggestion oft unabsichtlich und auf irrationale Weise so ein, daß es uns schadet. Die Hypnose ist der wissenschaftliche Weg, dieselben Kräfte so einzusetzen, daß sie uns eine Hilfe sind. Was falsche Suggestionen verursacht haben, kann durch richtige Suggestionen korrigiert werden.[31] Die bei der Hypnose verwendeten Fakten und Kräfte sind die gleichen wie diejenigen, die uns durch die Tradition, Zeremonien, die Gesellschaft, Werbung und Erziehung beeinflussen – und all die Worte, Gesten und Handlungen, die unser tägliches Leben ausmachen und es formen.

Die auch bei der Hypnose verwendeten geistigen Mechanismen sind dieselben, durch die gute und schlechte Erfahrungen internalisiert worden sind, unseren Charakter und unsere Persönlichkeit geformt haben. Wie Masse und Energie wird es die Hypnose so lange geben, wie der menschliche Geist existiert. Die hypnotische Aufnahmefähigkeit des Geistes ist ein integraler Bestandteil des Lebens, und wenn sie von moralischen, wohlwollenden Menschen verstanden und genützt werden, können die Prinzipien und Techniken der Hypnose das Leiden sehr vieler Menschen verringern.

Neben einer einfühlsamen Beratung kann die Hypnotherapie dazu eingesetzt werden, falsche Einstellungen zum Leben (irrationale Vorstellung Nr. 1, 2, 3, usw.) durch ›rationale Vorstellungen‹ mit Hilfe von hypnotischen Suggestionen zu ersetzen. Sie sind in der ersten Person geschrieben, so daß sie auch im Rahmen eines Programms zur persönlichen Weiterentwicklung durch Selbsthypnose als Autosuggestionen verwendet werden können.

Wenn die geistige Gesundheit der Menschen verbessert werden soll, dann ist mehr nötig, als nur mehr psychologische Beratungsstellen einzurichten. Die Zwecklosigkeit eines solchen Unterfangens ist statistisch belegt. Da eine solche Behandlung zeitlich und finanziell Grenzen hat und notgedrungen Prioritäten gesetzt werden müssen, haben die meisten Menschen, die sie bräuchten, keine Möglichkeit dazu, sie zu bekommen.[14, 27] Das heißt, den Psychosekranken wird der Vorrang gegenüber den Neurotikern gegeben, den Krankenhauspatienten gegenüber den ambulant zu behandelnden, den schwerer gestörten Menschen gegenüber den weniger gestörten, den gewalttätigen gegenüber den passiven usw., ganz zu schweigen von finanziellen Beschränkungen und örtlichen Nachteilen.

Sich bei Persönlichkeitsproblemen selbst zu helfen, ist einfach eine Notwendigkeit. Wenn eine Selbsthilfe nicht möglich ist, werden viele Menschen überhaupt nie irgendeine Behandlung bekommen. Wenn die persönliche Weiterentwicklung nicht möglich ist, werden die meisten Menschen nie wirkliche Fortschritte in ihrer Entwicklung machen. Zu behaupten, daß jeder, der das Gefühl hat, Hilfe zu brauchen, ›schon zu kaputt‹ ist, um es ohne die kostspielige Unterstützung von Fachleuten zu schaffen, heißt, daß sie entweder (1) einfach nicht wissen, wie sie wieder ein normales Leben führen könnten, oder (2) es unmöglich ist, einem durchschnittlich intelligenten Menschen das Was und Warum einer Therapie begreiflich zu machen. Ich bin davon überzeugt, daß keine der beiden Behauptungen für die überwiegende

Mehrheit von Menschen mit Problemen zutrifft. Wenn man präventive Maßnahmen zur geistigen Gesundheit und die Behandlungsbedürfnisse der Menschen wichtig genug nähme, würden auch Wege gefunden, sie über die Methoden zur Erlangung einer gesunden, stabilen Persönlichkeit zum Wohle ihrer selbst und ihrer Kinder zu informieren und sie darin anzuleiten.

In unserem Zeitalter, wo Kommunikation und Technik einen so hohen Standard wie nie zuvor in der Geschichte erreicht haben, sollte es nicht allzu schwer sein, ein solches Vorhaben problemlos in die Praxis umzusetzen.[14] Das Fernsehen mit seinen ungeheuren konstruktiven und erzieherischen Möglichkeiten wird wahrscheinlich auch in Zukunft ›kulturelles Ödland‹ bleiben, das hauptsächlich kommerziellen Zwecken dient.[21] Da es in dieser Richtung schon erfolgreiche Ansätze via Radio und Telefon gegeben hat,[5,11] kann man wohl davon ausgehen, daß man der Allgemeinheit einen guten Dienst erweisen könnte, wenn man die Massenkommunikationsmittel für allgemeine psychologische Beratung, Eheberatung usw. einsetzte. Man könnte den Zuschauern vielleicht auf Abonnementbasis zu Einstandskosten prophylaktische Hilfe für psychische Probleme anbieten.

Manche Befürworter der Hypnotherapie haben die therapeutische Anwendbarkeit der Selbsthypnose in Frage gestellt.[19] Diese Skepsis rührt wahrscheinlich von einem begrenzten Wissen über die Selbsthypnose oder einer lückenhaften Vorstellung von der umfassenden Anwendbarkeit der Hypnose bei allgemeinen Persönlichkeitsproblemen her. Vielleicht haben manche die Selbsthypnose auch überbewertet, die seltenen und dramatischen Phänomene der Regression, des automatischen Schreibens usw.[6,17] zu sehr hervorgehoben, die keineswegs routinemäßige Vorgänge bei der Hypnotherapie sind und bei Selbsthypnose in den seltensten

Fällen auftreten. Macht man zusätzlich zur Hypnotherapie noch Selbsthypnose, erhöhen sich die Erfolgschancen, und das bereits Erreichte wird gefestigt. Hypnotiseure haben festgestellt, daß die Behandlung mehr Erfolg hat, wenn sie ihre Klienten auch in Selbsthypnose unterweisen. Die Selbsthypnose gewährleistet einen dauerhaften Heilerfolg, denn durch sie werden die therapeutischen Suggestionen verstärkt, und der Klient wird in die Lage versetzt, die negativen Suggestionen seiner Mitmenschen abzuwehren.[34]

Es hat zwar auch durch Selbsthypnose allein einige herausragende Heilerfolge bei rein körperlichen und auch psychosomatischen Krankheiten gegeben (ebenso wie Heilungen durch religiöse, spirituelle oder esoterische Verfahren, die normalerweise durch die gleichen Mechanismen wie Hypnose wirken),[30] schwerwiegende Persönlichkeitsstörungen und neurotische Krankheitsbilder werden aber selten durch Selbsthypnose allein gebessert, obwohl es auch da schon Ausnahmen gegeben hat. Außer der Selbsthypnose ist es auch notwendig, die irrationalen Vorstellungen und falschen Wertsysteme, die die Symptome verstärkt haben, anzugehen, sie aufzudecken und zu korrigieren.

Den irrigen Vorstellungen, die problematische Verhaltensmuster fördern und ihnen Vorschub leisten, begegnet man am besten auf zwei Fronten gleichzeitig: durch rationale Psychotherapie und Hypnotherapie unter Anwendung von Selbsthypnose. Eine solche ›konzertierte Aktion‹ hat eine geistige Neuorientierung auf bewußter und unbewußter Ebene zur Folge, was zu einer ausgewogenen, einheitlichen und harmonischen Wechselbeziehung der intellektuellen und emotionalen Persönlichkeitsanteile führt. Eine solche Wechselbeziehung ist nicht nur der Behandlung förderlich, sie gewährleistet auch eine dauerhafte Veränderung.[34] Da die Selbstverbalisierung erwiesenermaßen von größter Wichtigkeit dafür ist, Verhaltensmuster langfristig zu halten, kann man daraus schließen, daß eine bewußte und mittels Selbsthypnose angewandte Autosuggestion die persönliche Weiterentwicklung sehr erleichtern kann.[7,18,15]

Die in einem früheren Kapitel vorgestellten ›rationalen Vorstellungen‹ wurden in der ersten Person geschrieben und auf eine positive, vom Verstand her akzeptierbare Weise formuliert. Diese Autosuggestionen haben deshalb Modellcharakter und stehen in Einklang mit hypnologischen Grundsätzen.[3] Die Therapeuten werden feststellen, daß ein Programm mit festgelegten Autosuggestionen bei Menschen, die in Selbsthypnose entsprechend unterwiesen wurden, zu schnellen, wirksamen und dauerhaften Erfolgen führt – und das selbst in Fällen, wo eine rationale Psychotherapie allein sehr wahrscheinlich nicht helfen würde. Die ›rationalen Vorstellungen‹ sollen einem Therapeuten oder einem Menschen, der Selbsthypnose anwendet, ein solches Programm liefern.*

Die Grundlagen der Selbsthypnose

Ich denke, ich habe inzwischen hinreichend klargemacht, daß die Selbsthypnose der wissenschaftlich fundierte Weg ist, seine Persönlichkeit auf intelligente Weise so anzulegen, wie man sie sich vorstellt.

Selbsthypnose ist eigentlich die einzige Art von Hypnose, die es gibt! Jede Hypnose ist im Grunde Selbsthypnose, denn

---

* Die Studie, auf der dieses Kapitel basiert, wurde schon vor Jahren erstellt, wie aus den Literaturhinweisen auf den Seiten 176 ff. ersichtlich ist. Es wurde seither jedoch nichts veröffentlicht, was dem hier Gesagten widersprechen oder es einschränken würde. Die wissenschaftlichen Grundlagen, auf die sich die Empfehlungen in diesem Buch stützen, sind Fachleuten der Verhaltenstherapie seit Jahrzehnten bekannt!

nur das, was der Geist des Hypnotisierten annimmt, wird in der Hypnose wirksam. Die Suggestionen eines Hypnotiseurs haben überhaupt keine Wirkung, wenn sie nicht gleichzeitig zu Autosuggestionen des Hypnotisierten werden! Die Auswirkungen der Hypnose sind in Wirklichkeit nur die Dinge, die sich der Hypnotisierte selbst sagt.

Alle Autoritäten auf diesem Gebiet stimmen darin überein, daß die Hypnose auf gar keinen Fall gefährlich ist – es sei denn, es werden unvernünftige Suggestionen gegeben. Deshalb ist auch die Selbsthypnose die sicherste aller Hypnosearten, die man sich vorstellen kann. Menschen, die sehr beeinflußbar sind, sollten aber folgendes beachten: Wenn Sie im Zustand der Selbsthypnose sind, *hören Sie nicht auf Ihr Unterbewußtsein, sondern geben Sie ihm Anweisungen!*

Diese Anmerkung gilt den Menschen – sie machen vielleicht fünf Prozent der Bevölkerung aus – die von Natur aus durch Hypnose in tiefe Trance verfallen können. Manche von ihnen glauben, sie seien ›übersinnlich veranlagt‹ und könnten alle möglichen außersinnlichen Phänomene wahrnehmen. Sie können leicht in einen tiefen hypnotischen Trancezustand kommen und dann aufgrund von Wünschen und Hypersuggestibilität durch Autosuggestion halluzinieren. Die Menschen empfinden diese künstlich herbeigeführten Wahrnehmungen so intensiv, daß sie sie leicht als wirklich wahr einstufen. Menschen, die an ihre ›psychischen Kräfte‹ glauben, fällt es nicht schwer zu sehen, wie man sie dazu bringen könnte, an immer stärker werdende Wahnvorstellungen zu glauben. Dies muß klargestellt werden, weil nicht davon ausgegangen werden kann, daß die Vorstellungen aller Leser dieses Buches auf einer gesunden Grundlage beruhen.

Es ist wirklich eine äußerst wichtige Regel. *Hören Sie nicht auf Ihr Unterbewußtsein, wenn Sie in Hypnose sind – geben Sie ihm Anweisungen!*

Es gibt eine Möglichkeit, wie Sie von Ihrem Unterbewußtsein im hypnotischen Zustand Informationen bekommen können. *Dazu bedarf es aber besonderer Übung, die den Rahmen unseres Buches sprengen würde.*

Die Selbsthypnose ist gleichzeitig eine Wissenschaft und eine Kunst. Als Wissenschaft unterliegt sie festgelegten Gesetzen, die man erlernen kann; als Kunst muß sie ausgeübt werden.

Wenn Sie die Selbsthypnose nicht gewissenhaft praktizieren, werden Sie nie zu einem Meister darin werden.

Dieses Buch unterweist Sie sowohl in der Wissenschaft als auch in der Kunst der Selbsthypnose. Wenn Sie sie jedoch nicht praktizieren, werden Sie logischerweise auch nichts davon haben.

Das Erlernen der Selbsthypnose erfordert keinen großen Zeitaufwand. Sie ist alles andere als schwierig. Man muß nicht einem Geheimbund beitreten, um Selbsthypnose zu erlernen. Man muß keine Weltreise machen, Berge in Tibet ersteigen oder den Lehren eines Großen Meisters in einem legendären Shangri-La lauschen. Befolgen Sie einfach die in diesem Buch gegebenen Anweisungen, und Sie werden ein Meister in der Kunst der Selbsthypnose sein.

Es ist nicht schwierig, die Selbsthypnose zu beherrschen, vorausgesetzt, Sie verstehen sie richtig und praktizieren sie gewissenhaft. Denken Sie immer daran, daß Sie sowohl der Hypnotiseur als auch der Hypnotisierte sind: mit anderen Worten, Sie müssen eine Doppelrolle spielen.

Die Selbsthypnose ist ein geistiges Gespräch mit sich selbst. Das heißt, Sie denken die Worte im stillen, ›hören‹ sich aber sprechen. Sie hören sich im Geiste sprechen – schnell oder langsam, deutlich oder undeutlich, in irgendeinem Dialekt –, und zwar ganz locker. Es zu tun ist leichter, als es zu beschreiben.

Ein erfahrener Hypnotiseur spricht normalerweise langsam und drückt sich deutlich aus. Als Ihr eigener Hypnotiseur müssen Sie im stillen auf die gleiche Weise mit sich sprechen. Achten Sie darauf, nicht zu schnell zu sprechen. Das ist bei Selbsthypnose relativ oft der Fall. So werden Sie damit aber keinen Erfolg haben. Wenn man zu schnell vorgeht, meint man oft, es reiche, ›die Gedanken einfach zu denken‹, ohne sie im Geiste tatsächlich klar zu artikulieren. Als Ihr eigener Hypnotiseur müssen Sie sich aber sich selbst gegenüber klar ausdrücken und sich dazu Zeit lassen.

Ein guter Hypnotiseur paßt sein Tempo der Stimmung und Persönlichkeit des Patienten an. Er wartet, bis auf die eine Stufe eine Reaktion erfolgt, bevor er zur nächsten geht. Sie sind Ihr eigener Hypnotiseur, seien Sie also nicht schneller als Ihre eigenen Reaktionen als Patient, der Sie ja auch sind.

Sie sind bei der Selbsthypnose natürlich auch Patient, seien Sie also ein ›guter‹. Dazu müssen Sie bei den Suggestionen mitarbeiten, sich darauf konzentrieren und die Gedanken nicht abschweifen lassen.

Denken Sie daran, daß Sie eine Doppelrolle spielen. Achten Sie darauf, daß Sie als Patient auf Ihre eigenen Suggestionen ansprechen, bevor Sie, als Hypnotiseur, den nächsten Schritt machen. Wenn Sie sich zum Beispiel (als Hypnotiseur) selbst sagen (als Patient), daß sich die Nerven und Muskeln in Ihrem Gesicht entspannen usw., überzeugen Sie sich (als Patient) davon, daß Ihr Gesicht wirklich ganz entspannt ist, bevor Sie (als Hypnotiseur) zur nächsten Stufe weitergehen.

Lesen Sie die letzten Abschnitte ruhig noch einmal. Sie wissen dann alles, was Sie an grundlegenden Voraussetzungen für die Selbsthypnose brauchen.

Das Ziel ist, daß Sie Ihren Körper völlig entspannen und das Gefühl haben, daß jeder Nerv und jeder Muskel so gut entspannt sind, wie es zu diesem Zeitpunkt eben möglich ist.

Das drückt sich oft durch ein taubes Gefühl in den Gliedern oder ein Losgelöstsein aus, manchmal auch durch ein Gefühl der Schwere oder sogar Leichtigkeit. Manchmal verspürt man auch ein Kribbeln.

Bei vollständiger Entspannung fühlt man sich manchmal als ›Geist ohne Körper‹. Dieses Gefühl des Abgetrenntseins wird normalerweise als Taubheit, Losgelöstsein, Schwere oder Leichtigkeit wahrgenommen und ist die körperliche Beschreibung eines ›Trance‹-Zustands.

Dieser ›Trance‹-Zustand ist schwer zu beschreiben, ist aber aufgrund der beschriebenen Merkmale leicht zu erkennen. Ihr Ziel bei der Selbsthypnose ist immer, diesen Zustand der ›Trance‹ oder der völligen Entspannung zu erreichen, der durch das Gefühl der Taubheit oder des Losgelöstseins charakterisiert wird. Es beginnt normalerweise an den Füßen und Beinen, geht dann zu den Armen und Händen und dehnt sich dann schnell über den ganzen Körper aus.

Genau wenn Sie diesen Entspannungszustand erreicht haben, sollten Sie die positiven Suggestionen anwenden, für die Sie sich entschieden haben. Es ist dann nicht mehr nötig, diesen Entspannungszustand zu vertiefen. Manche Menschen zweifeln immer daran, ob sie ›tief genug‹ entspannt sind, damit die Suggestionen wirken können. Sie verschieben die Suggestionen immer auf später, weil sie irrtümlicherweise meinen, ›noch tiefer‹ gehen zu müssen.

Das ist völlig falsch. Machen Sie etwas aus dem entspannten Zustand, den Sie erreicht haben. Je länger Sie die Selbsthypnose praktizieren, um so tiefer wird der Entspannungszustand sein, den Sie erreichen.

Das Ziel ist, in den Trancezustand zu kommen, sich die Suggestionen zu vermitteln und den Trancezustand dann zu beenden. *Es ist nicht das Ziel, den Trancezustand zu verlängern.*

Der durch Selbsthypnose erreichte Trancezustand löst sich immer von selbst auf und es ist schwierig, ihn über einen längeren Zeitraum hinweg aufrechtzuerhalten. Die hypnotische Trance ist eigentlich ein Zustand zwischen gesundem Schlaf und völligem Wachsein. Man hat ihn auch als ›Hängematte zwischen Wachsein und Schlaf‹ bezeichnet. Niemand auf der Welt ist aber je in einem hypnotischen Zustand ›hängengeblieben‹. Das ist völlig unmöglich, denn es besteht dabei auf der einen Seite ständig die Tendenz, zum völligen Wachsein zurückzukehren und auf der anderen Seite die Neigung, in tiefen Schlaf zu fallen.

Für die Selbsthypnose werden zwei Haltungen empfohlen: liegend oder sitzend. Wenn Sie sie im Liegen praktizieren wollen, sollten Sie locker sitzende Kleidung anhaben, Arme und Beine gerade ausstrecken. Wenn Sie lieber sitzen, dann in aufrechter Haltung, so daß Kopf, Nacken und Rücken eine gerade Linie bilden. Die Füße sollen flach auf dem Boden stehen, die Hände locker im Schoß liegen. Es kann sein, daß Sie irgendwann bei der Einführung in die Hypnose das Gefühl haben, Ihr Kopf bewege sich nach hinten (oder nach vorne oder sogar zur Seite), wenn sich die Nackenmuskeln entspannen. Lassen Sie Ihren Kopf dann einfach einen Moment fallen, bis die Spannung in Ihrem Nacken weg ist, und bringen Sie ihn dann wieder in die frühere Position, die Sie auch beibehalten sollten. Sie werden feststellen, daß es so am bequemsten ist.

Wenn Sie die Selbsthypnose einige Zeit im Liegen gemacht haben, kann es sein, daß Sie zu leicht einschlafen oder es zu schwierig ist, den Trancezustand lang genug aufrechtzuerhalten, um mit den Suggestionen durchzukommen. Wenn das bei Ihnen der Fall ist, sollten Sie die Selbsthypnose im Sitzen machen. Das hat auch den Vorteil, daß Sie im Sitzen fast überall üben können.

Die progressive Entspannungsmethode

Wir beginnen mit der bekanntesten Methode, die als ›progressive Entspannung‹ bezeichnet wird. Später werden Sie dann auch die Sofort-Entspannung lernen. Wir wollen aber dem vernünftigen Grundsatz folgen, daß man Neues besser lernt, wenn man von schon Bekanntem ausgeht und daher erst mit der progressiven Methode beginnen.

Nehmen Sie die von Ihnen gewählte Haltung ein (entweder liegend oder sitzend, wie beschrieben) und atmen drei- oder viermal tief durch. Atmen Sie langsam und tief ein und schnell aus, wobei Sie ganz locker lassen. Dieses langsame Einatmen und schnelle Ausatmen machen Sie drei- bis viermal hintereinander und schließen dann die Augen. Nun ›sagen‹ Sie sich im Geiste langsam und deutlich folgendes:

Mein Körper beginnt sich schon zu entspannen. (Pause) Meine Muskeln entspannen sich, ein angenehmes Gefühl der Taubheit kommt über mich. (Pause) Es beginnt mit einem leicht tauben Gefühl in meinen Füßen und Beinen. Dann werden meine Hände und Arme taub. Nun breitet sich ein sehr angenehmes Gefühl der Taubheit über meinen ganzen Körper aus, und ich komme in einen Zustand völliger geistiger und körperlicher Entspannung. Es ist ein wunderbares Gefühl, sich zu entspannen, und ich entspanne mich vom Kopf bis zu den Füßen. Ich beginne mit meinem Geist.

Geräusche von außen werden mich weder ablenken noch stören. Ich höre auf jedes Wort, das ich mir im Geiste sage, und denke an nichts anderes, während ich meinen Geist und meinen Körper völlig entspanne.

In wenigen Augenblicken wird mein Geist ganz träge. Er wird so träge, daß ich nichts mehr denken oder tun will. Ich werde nur an völlige Dunkelheit, an leeren Raum denken, höre dabei aber jedes Wort, das ich mir sage. Ich ›höre‹ nicht nur jedes Wort, sondern fühle wirklich die Bedeutung jedes Wortes und erlebe jedes einzelne Wort.

Mein Geist entspannt sich *jetzt*. Und wenn sich mein Geist entspannt, breitet sich die Entspannung über meinen ganzen Kopf und die Kopfhaut aus. Jeder Nerv und jeder Muskel in meinem Kopf und in der Kopfhaut entspannt sich. Ich fühle, wie die Spannung von meinem Kopf und der Kopfhaut weggeht. Nun wird meine Stirn weicher und entspannt sich. Auch das kleinste bißchen Spannung ist aus den Muskeln meines Gesichts verschwunden, meine Stirn ist völlig glatt und entspannt. Ich atme frei und leicht und entspanne dabei die Muskeln in meinem Hals. (Schlucken) Und ich entspanne meinen Kiefer, indem ich den Mund leicht öffne. (Mund öffnen) Auch meine Lippen lasse ich ganz locker (Lippen leicht öffnen). Und obwohl meine Augen geschlossen sind, entspanne ich sie noch mehr. (Pause)

Jetzt entspanne ich die Brustmuskeln, die Muskeln vom Nacken bis zum Hinterkopf bis zur Kopfhaut oben. Dann nach unten, bis zu den Schulterblättern und das ganze Rückgrat entlang. Jeder Nerv und jeder Muskel in dieser Körperregion entspannt sich. Und wie sich diese Nerven und Muskeln entspannen, breitet sich ein sehr angenehmes Gefühl der Taubheit und des Losgelöstseins in meinem Körper aus. Die völlige Entspannung von Geist und Körper wird immer tiefer.

Jetzt entspanne ich meine Schultern und die Arme bis in die Fingerspitzen. Ich fühle, wie die Spannung in meinen Armen und Händen weggeht.

Jetzt entspanne ich die Nerven und Muskeln in Magen und Unterleib, die Entspannung bereitet sich von der Taille bis zum Kreuz aus. (Pause) Es ist ein wunderbares Gefühl, wie die Nerven und Muskeln im Kreuz weicher werden und sich entspannen. Es ist so erholsam und bequem. Ich atme jetzt frei und leicht, genau so, als ob ich tief schlafen würde, und dabei erfüllt mich ein angenehmes Gefühl der Taubheit und des Losgelöstseins. Die völlige geistige und körperliche Entspannung wird immer tiefer.

Jetzt entspanne ich die Muskeln in den Hüften und Oberschenkeln. Die Entspannung geht weiter zu den Knien (Pause), den Wadenmuskeln, Knöcheln und bis zu den kleinen Muskeln in meinen Füßen, bis in die Zehenspitzen.

Es ist ein wunderbares Gefühl, wie alle Spannung meinen ganzen Körper verläßt. Jeder Nerv und jeder Muskel entspannen sich mehr und mehr mit jedem Atemzug, den ich mache. Und mit jedem Augenblick, der vergeht, wird die völlige geistige und körperliche Entspannung tiefer.

Wenn Sie Ihre Doppelrolle gut gespielt haben, werden Sie jetzt das interessante Gefühl völliger Entspannung haben. Es kann sehr ausgeprägt sein oder auch weniger, Sie werden an diesem Punkt aber den bestmöglichen, bei dieser Sitzung zu erzielenden Entspannungszustand erreicht haben, kurz vor dem Einschlafen sein. Sie werden auch einen Zustand geistigen Friedens, von Klarheit und Ruhe erleben. Sie brauchen sich jetzt nicht mehr um Ihren Körper kümmern und können Ihren Geist mit den folgenden Worten weiter entspannen:

Ich werde mich noch weiter entspannen. Ich werde von zehn bis Null zählen. Bei jeder Zahl verdopple ich im Geiste meine Entspannung. Ich beginne mit 10 ... (Machen Sie zwischen den Zahlen eine Pause von etwa zehn Sekunden und verdoppeln Sie dabei im Geiste die Entspannung. Stellen Sie sich einfach vor, daß die Entspannung bei jeder Zahl doppelt so groß wird.) ...9 ... 8 ... 7 ... 6 ... 5 ... 4 ... 3 ... 2 ... 1 (Verdoppeln Sie jetzt die ganze Entspannung) ... Null. Jetzt bin ich in einem Zustand völliger Ruhe und Entspannung, in einem Zustand völligen geistigen Friedens. Nichts kann mich stören, nichts mich ablenken. Ich habe alle meine Emotionen, Wünsche und meine fünf Sinne völlig unter Kontrolle.

An diesem Punkt befinden Sie sich in hypnotischer Trance, die von leicht bis mitteltief variieren kann. *Das ist für die Selbsthypnose völlig ausreichend.* Sie werden sich zwar erstaunlich ›wach‹ fühlen, Ihr Unterbewußtsein aber mit jedem Wort, das Sie ›sagen‹ oder denken, beeinflussen.

Jetzt ist es Zeit für die Suggestionen, die Sie gewählt haben. *Machen Sie nie Selbsthypnose, ohne einen bestimmten Zweck!* Wenn Sie diese Regel beachten, werden Sie sie nicht übertreiben. Wiederholen Sie die Suggestion(en) so oft Sie wollen, aber denken Sie nicht darüber nach.

Machen Sie die Selbsthypnose dann, wenn Sie schon zu Bett gegangen sind, so gibt es nichts weiter zu tun, als sich in den natürlichen Schlaf hinübergleiten zu lassen. Vielleicht wollen Sie mit der Suggestion abschließen, daß Sie tief schlafen und morgens ganz frisch und energiegeladen aufwachen werden, um die Alltagspflichten in Angriff zu nehmen und sich über jeden Augenblick Ihres Lebens zu freuen. Mit diesen Gedanken können Sie ruhig einschlafen.

Wenn Sie die Selbsthypnose aber im Sitzen oder tagsüber machen, müssen Sie den Trancezustand beenden. Dieses ›Aufwachen‹ ist ganz einfach, und Sie sollten es zu einem angenehmen Schlußpunkt Ihrer Sitzung machen.

Bevor Sie den Trancezustand beenden und unabhängig von der Tiefe, die Sie erreicht haben *(oder sogar wenn Sie das Gefühl haben, diesen Zustand überhaupt nicht erreicht zu haben)*, müssen Sie die folgende Suggestion anwenden:

Beim nächsten Mal werde ich sofort in einen tieferen Trancezustand kommen.

Auch wenn diese Behauptung strenggenommen nicht stimmt, wird das Bestreben da sein, sich bei jeder folgenden Sitzung zu verwirklichen. Sie werden bald in der Lage sein, innerhalb weniger Minuten in einen tiefen hypnotischen Entspannungszustand zu kommen.

Sie können eine Sitzung jederzeit abbrechen, indem Sie einfach die Augen öffnen und Ihren Beschäftigungen nachgehen. Schließlich haben Sie Ihren Geist völlig unter Kontrolle. Sie sind dann eigentlich wacher als sonst und können im Notfall reagieren, falls ein solcher eintreten sollte. Es ist aber sicher angenehmer, allmählich ›aufzuwachen‹. Ein erfahrener Hypnotiseur macht das ›Aufwachen‹ zu einem angenehmen Endpunkt einer wohltuenden Erfahrung. Bei der Selbsthypnose sind *Sie* der Hypnotiseur, und Sie sollten wirklich nett zu sich sein! Machen Sie es so:

Ich werde jetzt die Entspannung beenden und dabei bis fünf zählen. Wenn ich bei fünf bin, werde ich mich gut fühlen, völlig entspannt und geistig wie körperlich frisch. *Eins* ... Ich fühle mich gut, einfach wunderbar! *Zwei* ... Ich bin völlig entspannt, geistig und körperlich frisch. *Drei* ... Alle Taubheit und Losgelöstsein geht weg, alle meine Empfindungen werden auf angenehme Weise wieder normal. *Vier* ... *Fünf* ... ganz munter und völlig wach.

Öffnen Sie die Augen und gehen Sie Ihren üblichen Beschäftigungen nach. Die ersten paar Male werden Sie sich nach der Selbsthypnose irgendwie seltsam vorkommen. Wie aber bei allen Dingen, so macht auch hier die Übung den Meister. Wenn Sie Selbsthypnose regelmäßig und gewissenhaft praktizieren, werden Sie bald ein Meister sein.

Um diese Methode zu erlernen, sollten Sie den Text mehrmals laut lesen, so als ob Sie jemand anderen hypnotisieren wollten. Machen Sie das so lange, bis Sie die aufeinanderfolgenden Abschnitte genau im Kopf haben. Machen Sie dann einen Versuch in Selbsthypnose.

Dies ist die üblicherweise angewendete Methode der progressiven Entspannung, um die Selbsthypnose einzuleiten.

Die Methode der sofortigen Entspannung

Die progressive Entspannungsmethode der Selbsthypnose ist effektiv und weitverbreitet. Der einzige Nachteil ist, daß man dazu fünfzehn oder zwanzig Minuten braucht. Es paßt manchmal einfach nicht in einen voll ausgefüllten Tag, eine solche Zeitspanne bewegungslos zu verbringen. Die meisten Menschen können die progressive Entspannungsmethode nur dann durchführen, wenn die alltäglichen Pflichten erledigt sind. Die Selbsthypnose wäre um so vieles nützlicher, wenn man sie mehrmals täglich über kurze Zeit hinweg praktizieren könnte. Hypnotiseure haben immer nach Wegen gesucht, Menschen schneller zu hypnotisieren, und die an Selbsthypnose Interessierten haben sich immer nach einer schnellen, verläßlichen Methode gesehnt.

Man hat auch eine schnellere, fast sofort wirksame Methode der Selbsthypnose entdeckt. Sie können damit Ihren Geist und Ihren Körper zu jeder Zeit und an jedem Ort in weniger als dreißig *Sekunden* entspannen! Diese Methode ist auch bei erfahrenen Hypnotiseuren mit langer Berufserfahrung wenig bekannt. Sie ist eines der bestgehüteten Geheimnisse auf dem Gebiet der Hypnose.

Es gibt viele wichtige Gründe, warum diese Sofort-Entspannung von möglichst vielen praktiziert werden sollte. Wenn die Selbsthypnose sich durchsetzen soll, muß sie auch unter den ungünstigsten Umständen durchführbar sein. Langwierige ›meditative‹ Techniken, für die man jeden Tag zwanzig Minuten aufwenden muß, werden von der Mehrheit der arbeitenden Bevölkerung nie praktiziert werden.

Außerdem sind es gerade die am meisten beschäftigten und unter Streß stehenden Menschen, die die Selbsthypnose brauchen. Wir neigen dazu, viele wichtige Dinge nicht zu tun, weil wir meinen, ›zu beschäftigt‹ zu sein. Mit einer fast sofort wirksamen Methode zur tiefen Entspannung kann sich niemand mehr damit herausreden, er wäre ›zu beschäftigt‹.

Es bedarf auch einer Methode, die unter widrigen Umständen praktiziert werden kann. Wir können nicht einfach jedes Mal zu Bett gehen, wenn wir uns entspannen wollen. Ebensowenig können wir uns den Luxus leisten, uns in einen ›ruhigen, dunklen Raum‹ in unseren Lieblingsstuhl zurückzuziehen, um dort von dem schnellen modernen Leben nicht gestört zu werden. Gerade in Zeiten der größten Belastung brauchen wir die Selbsthypnose am dringendsten. Man kann ohne Übertreibung sagen, daß die Selbsthypnose gerade in Zeiten körperlicher Verletzlichkeit oder schmerzhafter Krankheit wortwörtlich unser Leben retten könnte. Dazu bedarf es aber einer Methode, mit der der hypnotische Zustand in Sekunden herbeigeführt werden kann, und nicht in Minuten.

Die Sofort-Methode der Selbsthypnose entspricht den Bedürfnissen jedes Menschen unter allen erdenklichen Umständen!

Es ist falsch zu glauben, daß immer eine bestimmte Zeitdauer erforderlich ist, um in den Zustand tiefer Entspannung zu gelangen. Fast jeder, der eine bestimmte Methode der Selbsthypnose beherrscht, setzt voraus, daß dafür die Zeitspanne nötig ist, an die man sich gewöhnt hat. Wir sind Gewohnheitstiere, und es fällt schwer, sich vorzustellen, daß die Selbsthypnose mit viel geringerem Zeitaufwand gemacht werden kann, als es von denen, die sie lehren oder praktizieren, befürwortet wird.

Um diese ›Zeitbarriere‹ zu durchbrechen, muß man ein wissenschaftlich fundiertes Verständnis dafür haben, wann genau die Hypnose bei einer bestimmten Methode eintritt, dann die Faktoren bestimmen, wo dieser Moment eintrifft, und den kürzestmöglichen Weg finden, um dies zu erreichen.

Es gibt bei jeder Hypnosemethode den ›magischen Moment‹, wo zumindest der Hypnotiseur sich selbst sagt: »Jetzt hat die Hypnose eingesetzt.« Was ist dieser magische Moment, und wann tritt er ein? Zuallererst muß man zwischen normaler Entspannung und ›hypnotischer‹ Entspannung unterscheiden. Normale Entspannung ist einfach das bewußte Fehlen spürbarer Spannung. Wir denken vielleicht oft, wir seien entspannt, und sind es auch in diesem Sinn. Damit sind wir aber sehr weit von der hypnotischen Entspannung entfernt. ›Hypnotische Entspannung‹ ist mehr als das Nichtvorhandensein von Spannung; es ist das Bewußtsein dessen, daß eine bestimmte Art von Entspannung da ist, die wie eine positive Kraft ist, die man durch eine bewußte Anstrengung überwinden kann, wobei es aber nicht der Mühe wert scheint, diese Anstrengung zu machen. Die hypnotische Entspannung scheint ein angenehmes ›Kraftfeld‹ um einen selbst zu sein, das jede Anstrengung oder jeden Wunsch, es zu stören, abwehrt. (»Mein Arm ist so entspannt, daß ich ihn kaum bewegen kann. Ich könnte ihn wahrscheinlich bewegen, wenn ich wollte, aber das möchte ich gar nicht. Es ist so angenehm.«) Es ist so, als ob nicht nur die *Spannung weg wäre,* sondern statt dessen auch *eine positive Entspannung eingetreten wäre.* Das genau ist hypnotische Entspannung. Wann genau tritt sie ein und warum?

Die älteste Form der Hypnose (in der schriftlich überlieferten Geschichte) ist die des *Mesmerismus.* Dr. Franz Anton Mesmer entdeckte gegen Ende des 18. Jahrhunderts, daß er viele Menschen in Trance versetzen konnte, indem er über ihrem Körper von oben nach unten langsame Handbewegungen machte. Er glaubte, dies wären ›magnetische Ströme‹, die ›animalischen Magnetismus‹ übertrugen und schließlich einen Menschen ›magnetisierten‹. Es dauerte manchmal mehrere Stunden, bis diese Methode erfolgreich war. Die von oben nach unten geführten Bewegungen über das Gesicht führten schließlich zu einem seltsamen Phänomen: Der Blick des betreffenden Menschen wurde starr, die Augenlider flatterten, die Augen bewegten sich nach oben, die Augenlider schlossen sich, und die ganze Muskulatur entspannte sich. Man sagte dann, dieser Mensch sei ›magnetisiert‹.

Nachdem die Theorie des Mesmerismus von den Wissenschaftlern größtenteils angezweifelt wurde, entdeckte man etwa 75 Jahre später in England eine neue Methode, Menschen in Trance zu versetzen.

Dr. James Braid in Manchester stellte fest, daß früher oder später das gleiche Phänomen eintrat, wenn er Menschen in ein helles Licht oder ein glänzendes Objekt sehen ließ, das er etwas über Augenhöhe hielt. Die Augenlider flatterten und schlossen sich, und *in genau diesem Moment* entspannte sich die ganze Muskulatur. Das Ergebnis, wenn auch durch eine andere als die mesmerische Methode erreicht, war doch dasselbe. Es lag also auf der Hand, daß man keinen sogenannten ›Magnetiseur‹ brauchte. Und da Braid sich von dem in Verruf geratenen *Mesmerismus* distanzieren wollte, prägte er einen neuen Begriff, nämlich die ›Neuro-Hypnose‹, die bald als ›Hypnose‹ bekannt wurde. Leider war dies eine falsche Benennung, die auf dem griechischen Wort für ›Schlaf‹ basierte. Braid erkannte seinen Irrtum zwar bald, aber da sein Buch in viele Sprachen übersetzt wurde, wurde ›Hypnose‹ bald zu einem international gebräuchlichen Wort. Die Hypnose war so für alle Zeiten mit dem Begriff ›Schlaf‹ verbunden.

Braids Methode der Augenfixierung nahm oft eine Stunde oder mehr in Anspruch. Man verwendete verbale Suggestionen, um die Prozedur abzukürzen, aber sie dauerte immer noch zu lange. Hypnotiseure (und die Öffentlichkeit) glaubten viele Jahre lang irrtümlicherweise, daß man den Zustand größtmöglicher Entspanntheit und Hypersuggestibilität nur durch langsame Handbewegungen oder die Fixierung der Augen auf glänzende Objekte herbeiführen könne.

Der anerkannte ›Vater der modernen Hypnose‹ war ein französischer Arzt, Dr. Hippolyte Bernheim. Seltsamerweise übersahen die Hypnotiseure immer etwas, was er in seinem Buch ganz klar gesagt hatte: Das Ziel der Augenfixierung war nicht, wie allgemein angenommen, den optischen Nerv zu ermüden, *sondern die Muskeln der Augenlider!* Daß diese wichtige Tatsache übersehen wurde, verzögerte die Entdeckung der Sofort-Methode zur Einleitung des hypnotischen Zustands um einige Jahrzehnte.

Ein amerikanischer Hypnotiseur namens Dave Elman hatte Bernheims Buch genauer gelesen. Er beobachtete Tausende von hypnotischen Einleitungen mit jeder nur erdenklichen Methode und schloß daraus, daß der ›magische Moment‹ der Hypnose nie eintrat, bevor die Augenlider zu flattern begannen und sich auf eine ganz charakteristische Weise schlossen. Wenn das stimmte, folgerte er, dann war diese besondere Art des ›Augen-Schließens‹ der ›Schlüssel zur Hypnose‹. Er zog daraus die Schlußfolgerung, daß man alle hypnotischen Präliminarien weglassen könnte, wenn man den Menschen beibrächte, was sie mit den Augenlidern tun sollten!

Diese Theorie hielt auch genauer Überprüfung stand. Mesmers von oben nach unten vollführte Handbewegungen waren mit Grunde eine nichtverbale Suggestion, die Augenlider zu entspannen, denn die Augen folgten den Handbewegungen. Jedes Mal, wenn der Betreffende seine Augenlider heben wollte, ließen sie sich etwas weniger als zuvor heben. Nach mehreren Handbewegungen entspannten sich die Augenlider, begannen zu flattern und schlossen sich dann. In diesem Moment setzte die hypnotische Entspannung ein. Die Trance hatte begonnen! (Hätte Mesmer Handbewegungen nach oben gemacht, hätten sich die Augen immer weiter geöffnet und die Hypnose wäre mit dieser Methode nie entdeckt worden!)

Auch durch die Methode der Augenfixierung von Braid hätte nie jemand hypnotisiert werden können, wenn man den Betreffenden nicht dazu gebracht hätte, lange nach oben zu sehen. Geradeaus oder nach unten sehen ermüdet die Muskeln der Augenlider nicht, denn daran sind sie gewöhnt. (Die Augenfixierung zur Seite hin ist keine praktikable Methode, denn sie ist zu unbequem. Sie belastet nur die Muskeln des Augapfels, statt die der Augenlider zu ermüden.) Über 150 Jahre lang hypnotisierten die Hypnotiseure Menschen mit dieser Methode, ohne überhaupt zu verstehen, warum es dadurch zur Hypnose kam. Ein neues Verständnis war nötig, um die Hypnosetechnik abzukürzen.

Das Grundprinzip von Elmans erstaunlicher Technik ist ganz einfach: die Augen sind dann entspannt, wenn sie geschlossen sind. (Wir schlafen mit geschlossenen Augen.) Es bedarf einer gewissen Anstrengung, die Augen offen zu halten, aber keiner, sie zu schließen oder geschlossen zu lassen. Natürlich kann man Muskeln zusammenziehen, um die Augen zu schließen (wie man es macht, um die Augen ganz fest zu schließen), aber eigentlich muß man sich dafür keine Mühe geben. Um die Augen zu schließen, muß man nur die Muskeln der Augenlider entspannen, die sie offenhalten!

Und wenn die Augenlider sich *auf diese Weise* schließen, entspannt sich der ganze Körper. Es ist einem darin nicht geübten Menschen unmöglich, Spannungen im Körper aufrechtzuerhalten, wenn die Augenlider völlig entspannt sind! (Man schläft ein, wenn man ›die Augen nicht mehr offen halten kann‹.)

Soviel zur Theorie, die hinter dem Mechanismus der Augenentspannung steht. Nun zum praktischen Teil.

Schließen Sie die Augen und öffnen Sie sie dann wieder. Es bedarf zwar nur einer winzigen Anstrengung, aber immerhin. Das ist ein wichtiger Punkt, denn Ihre Aufgabe bei der Selbsthypnose ist es, *ein so starkes Gefühl der Entspannung herzustellen, daß diese winzige Anstrengung nicht mehr machbar zu sein scheint!* Wohlgemerkt, es ist *Ihre* Aufgabe, niemand sonst kann das für Sie tun.

Um zu sehen, wie einfach es ist, schließen Sie jetzt die Augen und stellen fest, *wie langsam* Sie sie öffnen können. Schließen Sie sie dann wieder und öffnen Sie sie jetzt *doppelt so langsam* wie vorher. Wiederholen Sie diesen Vorgang öfter, wobei Sie die Augen jedesmal doppelt so langsam wie vorher wieder öffnen. (Stellen Sie sich vor, daß Sie einen Weltrekord im Zeitlupen-Augenöffnen aufstellen wollen. Menschen in aller Welt sehen in Nahaufnahme im Fernsehen Ihr Gesicht mit geschlossenen Augen, und wie Sie den Weltrekord im Zeitlupen-Augenöffnen aufstellen. Nehmen Sie sich vor, daß Sie Stunden brauchen, um die Augen zu öffnen.) Sie werden feststellen, daß Sie einen Punkt erreichen, an dem die Augenlider wie festgeklebt sind *durch die Entspannung* (nicht durch eine willentliche Anstrengung).

Was Sie nicht bemerken werden, ist etwas äußerst Wichtiges: *Ab diesem Moment* sind Sie völlig entspannt!

Nun wissen Sie alles, um die sofort wirksame Entspannungsmethode der Selbsthypnose durch hypnotisches Augenschließen durchzuführen.

1. Schließen Sie die Augen.
2. Entspannen Sie die Augenlider bis zu dem Punkt, wo die Muskeln ›einfach nicht mehr funktionieren wollen‹.
3. Machen Sie einen Versuch, sie zu heben, um sicher zu sein, daß ›es nicht mehr geht‹.
4. Lassen Sie diese Entspannung durch den ganzen Körper strömen, bis hinunter zu den Zehen.

Wenn Sie die einzelnen Schritte richtig nachvollziehen, haben Sie den Zustand der Hypnose erreicht – den gleichen Zustand wie alle Menschen, die von Mesmer, Braid, Bernheim oder irgendeinem anderen Hypnotiseur hypnotisiert worden sind! Es kann sein, daß Sie es nicht auf Anhieb schaffen, wenn Sie die Anweisungen nicht genau befolgt haben.

Wenn sich die Augen plötzlich doch öffnen, kann das zweierlei bedeuten: entweder haben Sie die Augenlider nicht ›bis zu dem Punkt entspannt, wo es einfach nicht mehr geht‹, oder Sie haben versucht, sie zu öffnen, um sicher zu sein, *daß es geht* statt nachzuprüfen, *daß es nicht mehr geht*. Es ist äußerst wichtig, daß Sie verstehen, was mit dieser Überprüfung, ›daß es nicht mehr geht‹, gemeint ist!

Es heißt nicht, daß Sie die Augen nicht mehr öffnen können, wenn Sie es wollen und es dann versuchen. Sie können sie jedoch nicht öffnen, *ohne die Entspannung aufzugeben, durch die sie geschlossen bleiben*. Der Punkt ist, *diese Entspannung – ganz gleich wie – aufrechtzuerhalten*. Hier zur Veranschaulichung ein einfaches Beispiel.

Angenommen ich sage: »Es ist eine merkwürdige Erfahrung festzustellen, daß man von dem Stuhl, auf dem man sitzt, nicht aufstehen kann.« Deshalb kann ich nicht aufstehen. Tatsache ist, daß dies keinem von uns gelingt – es sei denn, natürlich, *wir geben die Entspannung auf, die uns auf dem Stuhl ›festhält‹!* Es liegt auf der Hand, daß man um aufzustehen, zuerst die Entspannung ›aufgeben‹ muß, die einen dort sozusagen festhält. Um aufzustehen, muß man die Entspannung aufgeben und *dann* die Anstrengung machen. Nehmen Sie die Entspannung als positive Kraft, die Sie auf dem Stuhl festhält. Wenn Sie ›an der Entspannung festhalten‹ wollen, dann können Sie *in diesem Zustand* nicht aufstehen.

Wie können Sie nun überprüfen, daß Sie die entspannten Augenlider nicht mehr heben können? Wenn Sie die Augen geschlossen und die Muskeln der Augenlider so weit entspannt haben, daß sie ›einfach nicht mehr funktionieren‹, ziehen Sie die Augenbrauen hoch, so weit Sie wollen. Ist die Entspannung tief genug, werden sich die Augenlider trotzdem nicht heben. Damit können Sie also testen, ob die Augenlider genug entspannt sind.

Dieser Test ist nicht mit dem eines Hypnotiseurs zu verwechseln, der einem Patienten sagt, daß er die Augen nicht mehr öffnen kann. Das Phänomen der Augenlider-Entspannung in unserem Fall ist nicht dasselbe wie die durch Suggestion herbeigeführte Augenlider-Katalepsie. Niemand ›testet Sie‹; Sie selbst überprüfen, ob die Augenlider entspannt genug sind.

Wenn Sie das überprüft haben, ›lassen Sie diese Entspannung durch den ganzen Körper strömen, bis hinunter zu den Zehen‹. ›Diese Entspannung‹ bedeutet, daß es die gleiche Art von Entspannung wie in den Augenlidern ist. Mit anderen Worten, eine Entspannung, ›bei der die Muskeln einfach nicht mehr funktionieren‹ – eine plötzliche ›Erschlaffung‹ jedes Muskels in Ihrem Körper. Um das Ganze noch einmal kurz zusammenzufassen: Sie schließen die Augen, entspannen die Augenlider bis zu dem Punkt, wo die Muskeln ›einfach nicht mehr funktionieren‹, überprüfen dies, und lassen diese Entspannung durch den ganzen Körper strömen.

Sie werden dann diese einzigartige Entspannung erleben, die man als ›hypnotische‹ Entspannung bezeichnet. Der hypnotische Zustand wird in etwa 15 Sekunden erreicht, und *genau zu diesem Zeitpunkt* werden Ihre Autosuggestionen zu richtigen hypnotischen Suggestionen, die Ihr Unterbewußtsein programmieren.

Wenn Sie ›aufwachen‹ wollen, denken Sie einfach: »Wenn ich die Augen öffne, bin ich hellwach und fühle mich wunderbar.« Dann beenden Sie die Entspannung der Augenlider, öffnen die Augen und spüren, wie gut Sie sich fühlen. Bleiben Sie noch eine Zeitlang bei diesem angenehmen Gefühl der Entspannung; Sie müssen sich nicht ›herausreißen‹. Genießen Sie auch die Zeit hinterher.

Denken Sie daran, daß die ›Tiefe‹ der Hypnose überhaupt nichts damit zu tun hat, wie lange die Einleitung dauert. Sie werden feststellen, daß Sie mit etwas Praxis in wenigen Sekunden sehr ›tief‹ gehen können. (Die ›Tiefe‹ hängt von Ihrer geistigen Beteiligung an dem ab, was Sie tun, und von nichts anderem.) Haben Sie diesen Zustand einmal erreicht, können Sie natürlich Ihre Wahrnehmungsfähigkeit der körperlichen und geistigen Entspannung noch vertiefen, und zwar durch die Countdown-Methode der progressiven Entspannung, indem Sie bei jeder Zahl die Entspannung verdoppeln. Sie können aber auch denken: »Ich verdopple die Entspannung mit jedem Atemzug.« Dabei atmen Sie ganz normal und verdoppeln geistig die Entspannung bei jedem Atemzug. Sie werden sehr bald so ›tief‹ gehen können, wie Sie wollen.

Die Elman-Technik hat noch sehr viel mehr zu bieten, was aber den Rahmen eines solchen Selbsthilfebuches über Selbsthypnose sprengen würde. Sie verfügen jetzt über das nötige Wissen; nun kommt es auf die Praxis an.

Sie sollten diese Methode der Sofort-Entspannung so oft anwenden, wie Sie daran denken. Probieren Sie sie zu unterschiedlichen Zeiten an allen möglichen Orten aus, auch wenn Sie meinen, es wäre zu hektisch oder zu laut, um sich zu entspannen. Wenn Sie nach dieser Methode vorgehen, werden Sie angenehm überrascht feststellen, daß Sie sich überall völlig entspannen können, auch unter Umständen, bei denen Sie es für unmöglich gehalten hätten. Ohne diese wirksame Methode wäre es auch in der Tat unmöglich!

Ein anderer sehr schätzenswerter Vorteil dieser Methode ist, daß Sie sie auch mitten unter anderen Menschen anwenden können, ohne daß sie etwas davon merken! Weil Sie dafür nur ein paar Sekunden brauchen, können Sie diese Entspannung mehrmals täglich machen und jedes Mal großen Nutzen daraus ziehen. Spannungen multiplizieren sich im Laufe eines Tages, so daß wir am Abend nicht nur die in der vorangegangenen Stunde aufgebauten, sondern die tagsüber aufgestauten und sich multiplizierenden Spannungen spüren. Wenn Sie die Methode der Sofort-Entspannung der Selbsthypnose tagsüber zu jeder vollen Stunde praktizieren (was sicher kein Problem ist, denn Sie brauchen dazu nur 30 Sekunden), müssen Sie am Ende des Tages nur noch die Spannungen der letzten Stunde abbauen! Machen Sie daraus eine Gewohnheit, und Sie werden auch nach dem Arbeitstag noch über ungeahnte Energie verfügen. Auch wenn Sie diese Mini-Sitzungen nicht mit bestimmten Suggestionen verbinden, werden Sie von dieser völligen Entspannung sehr viel profitieren.

Vorsichtsmaßnahmen, die man beachten sollte

Bei allen Aktivitäten, sei es während der Arbeit oder in der Freizeit, gibt es Vorsichtsmaßnahmen, die wir beachten sollten. Deshalb gibt es auch bei der Selbsthypnose bestimmte Vorsichtsmaßnahmen, die man beachten sollte, wenn man damit Erfolg haben will. Es bestehen keinerlei medizinische Gegenanzeigen. Man kann sie auch nicht übertreiben, wenn man die folgenden grundlegenden Regeln befolgt:

1. Legen Sie Ihre Suggestionen immer im voraus fest. Machen Sie sich ganz klar, was Sie Ihrem Unterbewußtsein sagen und wie Sie es genau formulieren wollen. Improvisieren Sie nicht, sondern *planen Sie diesen Vorgang*.
2. Experimentieren Sie nicht mit sich selbst. Überlassen Sie nichts dem Zufall, sondern gehen Sie planvoll vor. Geben

Sie sich keine Suggestionen, die Ihre Wahrnehmung der Realität verzerren. Führen Sie keine Halluzinationen herbei, seien es visuelle oder akustische. Sagen Sie sich nicht, daß Sie etwas nicht tun können, was Sie normalerweise tun können. (Zum Beispiel: »Ich kann die Augen nicht öffnen, ich kann mich nicht bewegen«, usw.)
3. Mißbrauchen Sie die Hypnose nicht dazu, Ihre normale Kraft auf die Probe zu stellen. Sie sollte nur in Notfällen dazu verwendet werden, mehr Kraft, Energie usw. zu geben. Schon der gesunde Menschenverstand sagt einem, daß die Selbsthypnose kein Ersatz für die üblichen gesundheitserhaltenden Maßnahmen sein soll.
4. Wenn Sie nicht gerade Arzt sind, sollten Sie sich nicht erlauben, körperliche oder geistige Erkrankungen mit Hypnose zu behandeln. Selbsthypnose als *Therapie* (ohne fachliche Unterstützung) ist das gleiche wie Selbstmedikation und unterliegt auch den gleichen Risiken. Nützen Sie die Selbsthypnose zur persönlichen Weiterentwicklung, d. h., um Ihre naturgegebenen Vorzüge zu verstärken.
5. Ziehen Sie aus Ihrer Kenntnis der Selbsthypnose praktischen Nutzen. Aufgrund langjährigen Studiums und persönlicher Beobachtung glaube ich, als Autor dieses Buches sagen zu können, daß *die Anwendung von Hypnose* in Verbindung mit Parapsychologie, psychischen Phänomenen, außersinnlichen Wahrnehmungen usw. nur einen Umweg zu echter Weiterentwicklung darstellt und im allgemeinen nur Zeitverschwendung ist.

Wenn Sie diese Vorsichtsmaßnahmen beachten, können Sie die Kräfte Ihres Unterbewußtseins in vielfältiger Weise so einsetzen, daß Sie sich *in die* Realität positiv hineinversetzen, statt *aus ihr* zu fliehen. Ich werde später darauf noch zurückkommen.

Dritter Teil

Wie Sie vorgehen müssen

Voraussetzungen für eine fortschreitende Entwicklung

Es wurde gleich am Anfang dieses Buches betont, wie wichtig es ist, daß Sie entscheiden, wie Sie wirklich sein wollen. Der erste Teil hat Ihnen Informationen geliefert, um mehr Einblick in und Wertschätzung für Ihre Persönlichkeit zu gewinnen. Da Sie jetzt wissen, wie sich Ihre einzigartige Persönlichkeit entwickelt hat und Sie die verschiedenen Faktoren kennen, die Ihr Alltagsleben beeinflussen, können Sie Ihr *zukünftiges Selbst* viel besser planen.

Sie haben etwas über Ihr *wahrgenommenes Selbst* erfahren, wie es sich entwickelt hat und wie es Ihr Verhalten beeinflußt, indem es Sie nur die Dinge tun läßt, die dieses ›phänomenologische Selbst‹ erhalten oder verstärken. Sie haben sich mit dem ›zukünftigen Selbst‹ befaßt, das der Schlüssel zur persönlichen Weiterentwicklung ist.

Im zweiten Teil werden nicht nur die Mechanismen erläutert, die dieses *zukünftige Selbst* formen und erhalten, es wird auch detailliert die Methode der Selbsthypnose beschrieben, mit der Sie Ihr Unterbewußtsein ganz bewußt beeinflussen können. Ihr vergangenes und gegenwärtiges Selbstverständnis ist hauptsächlich durch Suggestion geformt worden – durch Suggestionen anderer wie auch durch Autosuggestion. Mit der Selbsthypnose gewinnen Sie Kontrolle über die suggestiven Einflüsse auf Ihr Unterbewußtsein, die Ihr zukünftiges Selbstbild formen. Zwei Methoden der Selbsthypnose sind dargestellt worden: die traditionelle progressive Entspannungsmethode und die andere, eine neue, sofort wirksame Methode.

In diesem Kapitel geht es darum, wie Sie Ihr Wissen in die Praxis umsetzen können. Bevor Sie zum praktischen Teil dieses Buches übergehen, sollten Sie noch einige theoretische

Dinge bedenken, die sehr hilfreich sein können. Sie sind die Voraussetzung dafür, daß Sie bei Ihrer Weiterentwicklung auch Fortschritte machen.

Von der Theorie zur Praxis müssen Sie nur drei Schritte tun, zu denen Sie mittlerweile befähigt sind, und zwar:
1. ein bestimmtes Ziel formulieren;
2. sich geistig von negativen Einflüssen abgrenzen;
3. Ihren Geist für neue Erfahrungen öffnen.

Die Formulierung eines bestimmten Zieles werde ich bald genauer behandeln. Einige wenige Worte aber werden diese so wichtige Voraussetzung für jede Weiterentwicklung noch deutlicher machen. Ihr Ziel muß etwas sein, das Sie sich vorstellen, es beschreiben und bildhaft sehen können. Es genügt nicht, es nur in Worte zu fassen (obwohl Sie das auch tun müssen), denn es gibt nicht wenige, die geradezu eine Begabung dafür haben, wohlklingende Wörter aneinanderzureihen, ohne wirklich etwas zu sagen. Sie müssen Ihr Ziel *visualisieren* können. Sie müssen es vor Ihrem geistigen Auge sehen können. Sie müssen sich selbst so ›sehen‹, wie Sie sein wollen. Sie müssen sich so reden ›hören‹, wie Sie es sich wünschen. Sie müssen sich so ›fühlen‹, wie Sie es sich wünschen. Dieses in Ihrer Vorstellung gewachsene Phantasiegebilde sollte für Sie wirklicher werden, als es die Realität für andere Menschen ist! Machen Sie sich das große Potential Ihrer Vorstellungskraft zunutze, damit das Bild dessen, der Sie werden wollen, in jeder Hinsicht so lebhaft und deutlich wie nur irgend möglich wird. Das Unterbewußtsein wird hauptsächlich durch Emotionen und geistige Bilder beeinflußt und durch Worte nur insoweit, als sie solche übermitteln.

Ihren Geist von negativen Einflüssen zu schützen, das ist von höchster Bedeutung. Unser Geist wird auf subtile Weise von dem der anderen beeinflußt, und es kann für die Entwicklung und die Leistungen auch des positivsten Menschen hinderlich sein, negativ denkende Menschen um sich zu haben. Wem es ein echtes Anliegen ist, im Leben den größtmöglichen Erfolg und die höchstmögliche Zufriedenheit zu erreichen, für den ist das ein Handicap, das er aus seinem Leben verbannen sollte.

Zu diesem geistigen Schutz, dieser Art ›Isolierung‹, gelangt man aber nicht durch Isolation. Sie können nicht allen negativ denkenden Menschen auf der Welt aus dem Weg gehen, wenn Sie nicht bald ein Leben als Eremit führen wollen. Sie können diese negativen Einflüsse, die normalerweise schwer auf Ihnen lasten würden, durch bestimmte Vorsichtsmaßnahmen auf ein Mindestmaß beschränken.

Sie können sich eine Mauer um Ihren Geist schaffen. Dr. Napoleon Hill, Autor vieler erfolgreicher Bücher und Verfasser zahlreicher Artikel, sagt, daß er um seinen Geist drei Mauern gebaut hat. Die äußere Mauer ist ziemlich niedrig und hat mehrere Türen. Jeder, der einen vernünftig begründeten Anspruch auf seine Zeit hat, kann durch diese Türen eintreten. Die zweite Mauer aber ist schon wesentlich höher und hat nur eine Tür, durch die nur die Mitglieder seiner Familie und engste Freunde eintreten dürfen. Dann gibt es noch die innere Mauer, die sehr hoch ist und keine Tür hat. Hinter dieser Mauer ist das Ich von Napoleon Hill, zu dem niemand Zutritt hat oder es beeinflussen darf. Damit ist eine positive geistige Haltung sehr anschaulich beschrieben, und Sie täten gut daran, sich auch eine solche anzueignen. Seien Sie geistig offen, wenn es zweckmäßig ist, und schließen Sie sich geistig ab, wenn es angemessen erscheint.

Sie können negative Einflüsse auch auf eine andere Weise vermeiden, die ebenso einfach wie wirksam ist. Sie müssen nur *Ihre Ziele für sich behalten*. Es ist unproblematisch, wenn

Sie sich über kleinere Ziele mit anderen unterhalten. Über wichtige Ziele sollten Sie absolutes Schweigen bewahren und sie niemandem außer Ihrem Ehepartner anvertrauen (manchmal müssen Sie sich vielleicht sogar da verschließen). Der Grund für diese Geheimhaltung ist, daß es im Leben eines jeden Menschen so viele negativ denkende Menschen gibt, die anderen, besonders positiv eingestellten Menschen, gern ein Bein stellen. Negative Menschen scheinen ein geradezu perverses Vergnügen dabei zu empfinden, die positiven, konstruktiven und hoffnungsvollen Pläne anderer zu durchkreuzen. Manche sind sich des verheerenden Einflusses ihrer negativen Denkweise einfach nicht bewußt; andere sind so boshaft, jedes kleinste Zeichen von Optimismus sofort niederzumachen. Wenn Sie auch nur den geringsten Zweifel daran haben, ob jemand den großen positiven Zielen, die Sie sich gesteckt haben, auch wirklich wohlwollend gegenübersteht, dann behalten Sie sie für sich. So vermeiden Sie es, sich den Angriffen Ihnen nicht wohlgesonnener Menschen, von Klatschtanten und kleinlichen Leuten auszusetzen, die gern in ihrem Negativismus schwelgen und ihre pessimistische Einstellung auf fast hinterhältige Weise jedem aufdrängen, den sie irgendwie beeinflussen können.

Der zweite Grund, warum Sie größere Ziele für sich behalten sollten, ist für die meisten weniger klar. Wenn man über etwas spricht, tut man es noch nicht. Über geplante Vorhaben sprechen gibt einem das Gefühl, daß man Fortschritte macht, wobei allerdings das Gegenteil zutrifft. Sie wollen auf Ihr Unterbewußtsein inneren Druck ausüben, damit es zu Ihrem Vorteil tätig wird. Das können Sie tun, indem Sie der in diesem Buch vorgeschlagenen Methode folgen. Wenn Sie ständig über Ihre Ziele sprechen, vermindern Sie diesen geistigen Druck und lenken ihn von Ihrem Vorhaben ab. Die Welt ist voll von Menschen, die ständig darüber reden, was sie ›eines Tages‹ tun werden. Sie diskutieren ihre Vorhaben lang und breit mit jedem, der bereit ist zuzuhören. Sie fühlen sich durch das Reden allein so angeregt, daß sie nie mit der schweren Arbeit anfangen, die geplanten Vorhaben auch in die Tat umzusetzen. Ein Jahr später werden sie es wieder zur Sprache bringen und sagen: »Ich halte es immer noch für eine ausgezeichnete Idee, Sie nicht auch?« Nur darüber zu reden, wie man sich weiterentwickeln könnte, hat noch niemanden weitergebracht.

Die alte Dampflokomotive gehört inzwischen der Vergangenheit an, kann aber für die, die sich noch an diese alten Züge erinnern, ein anschauliches Beispiel sein. Eine kleine Maschine zog einen langen Zug den Berg hinauf. Die Steigung war ziemlich groß, und so schaufelte der Heizer wie wild Kohle in den Kessel, damit die Maschine genug Fahrt hatte, um über den Berg zu kommen. Der Kraftaufwand war groß, aber die Maschine arbeitete sich langsam hoch. Als die höchste Stelle vielleicht noch fünfzig Meter entfernt war, ließ der Maschinist vor lauter Aufregung und Freude die Lokomotive pfeifen. Die Pfeife tutete sehr laut, wie der Dampf durch sie strömte. Der Zug wurde plötzlich langsamer und bewegte sich rückwärts! Der Heizer mußte wie ein Wilder Kohle in den Kessel schaufeln, um ihn wieder in Fahrt zu bringen. Schließlich tuckerte der Zug langsam über die Berghöhe und raste auf der anderen Seite hinunter.

Der Witz bei dieser Geschichte ist: Der Dampf, der das Signal zum Tönen bringt, treibt die Maschine nicht an!

Wenn Sie über Ihre Pläne sprechen, lassen Sie einfach ›Dampf ab‹ – Dampf, den Sie dazu verwenden sollten, Ihre Pläne in die Tat umzusetzen. Positiv denkende Menschen sollten schon allein zur Selbstverteidigung das Gelübde ablegen, über ihre Pläne und Träume einer wirklich ernsthaften persönlichen Weiterentwicklung Schweigen zu bewahren.

Wenn Sie darüber nachdenken, werden Sie sich wahrscheinlich daran erinnern, daß Ihnen im Verlauf der Jahre kostbare Augenblicke und Erinnerungen geraubt worden sind, weil Sie auf negativ eingestellte Menschen gehört haben. Lernen Sie daraus, behalten Sie Ihre geheimen Dinge für sich und geben Sie den anderen keine Chance, Sie bei Ihren Vorhaben zu behindern. Kluges Schweigen ist Ihr bester Schutz, und dadurch erhalten Sie den inneren Druck aufrecht, den Sie brauchen, um ›den Berg zu erklimmen‹, den Sie vor sich haben.

Ihr geistiges Bild von Ihrem *potentiellen zukünftigen Selbst* und davon, was Sie damit erreichen können, ist Ihr kostbarstes Gut. Passen Sie gut darauf auf!

Der dritte Schritt ist, *Ihren Geist Ihrem Erleben zu öffnen*. Das ist schwer zu erklären; es wird am besten dadurch verständlich, wenn man beschreibt, was damit nicht gemeint ist.

Es wird in unserer Gesellschaft leider viel zu oft von Drogen gesprochen, die angeblich ›das Bewußtsein erweitern‹. Diese ›psychedelischen‹ Drogen bedeuten zweifellos einen großen Durchbruch in der modernen Psychiatrie und können, unter Kontrolle von Fachleuten, viel zu einem besseren Verständnis unseres Geistes beitragen.

Es scheint, daß der Wunsch, durch chemische Mittel transzendentale Erfahrungen zu machen, tief in der menschlichen Natur verankert ist. Die Menschen haben zu allen Zeiten und in allen Ländern etwas geraucht, getrunken oder auf andere Weise zu sich genommen, von dem sie sich eine ›Erweiterung‹ des Bewußtseins versprachen. Die Suche nach transzendentaler Erfahrung ist der gemeinsame Nenner aller Menschen. An diesem Wunsch ist auch an sich nichts Schlechtes, nur ist absolut klar, daß anhaltende Kreativität und greifbare Leistungen nicht dadurch entstehen, daß man etwas trinkt, raucht, schnupft oder sich injiziert!

Der einzige Gewinn, den man aus einer psychedelischen Erfahrung ziehen kann, scheint das Gefühl der Einheit mit allen Dingen und allen Menschen zu sein, die von dem Betreffenden in diesem Moment wahrgenommen werden. Alle Unterschiede zwischen Dingen und Menschen scheinen künstlich, und man fühlt eine tiefe Einheit mit dem Universum und allem, was darin ist. Insbesondere die Beziehungen zwischen den Menschen werden dann als eine Art Rollenspiel wahrgenommen, und man fühlt sich befreit, weil man plötzlich ›dieses Spiel durchschaut‹ hat. Das war die Beschreibung einer positiven psychedelischen Erfahrung. Man kommt zu dem gleichen Punkt mit der philosophischen Überzeugung, daß diese Einheit einfach eine Tatsache ist. Leider kann es durch die Launen der menschlichen Natur und die unvorhersehbare Wirkung von Drogen gelegentlich zu negativen und alptraumartigen Reaktionen kommen bei Menschen, die sich von Chemikalien eine Bewußtseinserweiterung erhoffen.

Die Selbsthypnose kann eine natürliche psychedelische Erfahrung sein. Es ist falsch, der Hypnose eine betäubende Wirkung zuzuschreiben; ganz im Gegenteil, sie kann ein Abenteuer wirklicher Bewußtseinserweiterung werden. Die Selbsthypnose ist die älteste dem Menschen bekannte Methode, transzendentale Erfahrungen zu machen. Die dafür erforderliche geistige Disziplin schließt aber solche Menschen aus, die es nie gelernt haben oder nie lernen wollten, ihren Geist zu disziplinieren.

Eine wirkliche transzendentale Erfahrung sollte *in* die Realität führen, nicht eine Flucht *aus ihr* sein. Vernünftige Ziele und eine gesunde Motivation sind für eine gute und positive psychedelische Erfahrung von größter Bedeutung.

Meine persönliche Einstellung zum Gebrauch psychedelischer Drogen entspricht den Beobachtungen eines berühmten Semantikers, S. I. Hayakawa, der in der Fachzeitschrift ›Review of General Semantics‹ im Dezember 1963 folgendes schrieb:

»Der Hauptgrund, warum ich den ›bewußtseinserweiternden‹ Drogen mißtraue, ist vielleicht, daß die meisten Menschen nicht gelernt haben, ihre Sinne zu benützen. Um von mir selbst zu sprechen: Ich *höre* Musik nicht nur, ich *höre ihr bewußt zu*. Deshalb finde ich Hintergrundmusik, die man zwar hören, der man aber nicht zuhören soll, absolut unerträglich. Wenn ich mich, um mit Carl Rogers zu sprechen, meinem Erleben öffne, dann sind die Farben des Tages, ob nun alles grau, neblig und gedämpft ist oder hell von der Sonne durchdrungen, für mich eine so starke Erfahrung, daß ich vor Aufregung auf dem Lenkrad herumhämmere. Ein von Neonlicht erhellter Supermarkt ist oft zuviel für mich – er hat so unendlich viele Winkel und Farben und verwirrende Perspektiven, daß ich meine Wahrnehmung ganz bewußt auf meine Einkaufsliste konzentrieren muß, sonst würde ich immer nur einkaufen gehen. Bilder, Skulpturen und Keramiken sprechen mich so intensiv an, daß ich, wenn ich das Museum verlasse, wie ein Ballon in die Luft steigen möchte. Kurz gesagt, ich *benütze* meine Sinne – zumindest einige von ihnen, meistens. Deshalb frage ich mich: warum diese wunderbaren Sinne mit Drogen und Giften verwirren, wenn man erst halb so viel entdeckt hat, wie sie einem geben können?«

Die drei Schritte, die Sie also von der Theorie zur Praxis tun müssen, um Ihr Programm zur Weiterentwicklung zu verwirklichen, sind die Formulierung eines bestimmten Ziels, der Schutz Ihres Geistes vor allen negativen Einflüssen und aus dem Offensein für Erfahrungen, wie oben beschrieben, eine liebe Gewohnheit zu machen. Da Sie damit schon angefangen haben, können wir uns jetzt an die Arbeit machen.

Selbstbild, Selbstkontrolle und positives Denken

Wir haben festgestellt, daß das Selbstbild und die Beurteilung der eigenen Person von grundlegender Wichtigkeit für die geistige Gesundheit sind. Der Wert oder die Wichtigkeit, die jemand seinem Selbst beimißt, wie er es in bezug auf seinen Körper, die sozialen Kontakte, Familie und Moral wahrnimmt, hat eine ganz offensichtliche und unermeßliche Auswirkung auf das Leben. Das Selbstbild läßt, wenn es von dem Betreffenden verstanden wird, die Schwachstellen ganz klar erkennen, die besonderer Beachtung bedürfen.

Das Selbstbild eines Menschen wird von seinen Erfahrungen im Leben geformt, so wie er sie wahrnimmt. Und da es das Ergebnis der eigenen Wahrnehmung von der Realität (nicht der Realität selbst) ist, kann es auch verzerrt sein. Es gibt keine zwei Menschen, die ihre Erlebnisse genau gleich wahrnehmen und bewerten, womit sich alle Argumente für einen Determinismus durch Vererbung oder Umwelteinflüsse erübrigen. Aufgrund ihrer unterschiedlichen Wahrnehmung können zwei Menschen, psychologisch gesehen, eigentlich nie die gleiche Umwelt haben.

All das wird, normalerweise zu unserem eigenen Nachteil, dadurch noch komplizierter, daß unsere Wahrnehmungen und Bewertungen oft von den Reaktionen anderer Menschen beeinflußt werden. Das Selbstbild eines Menschen wird in den ihn prägenden Jahren der Kindheit entsprechend den verzerrten Wahrnehmungen und Wertvorstellungen derer, die ihm am nächsten stehen, geformt, durch Nachahmung und Zwänge von außen. Es ist erschreckend zu sehen, welche Schäden neurotische Eltern und Lehrer bei den leicht zu beeindruckenden Kindern anrichten, die vorsichtig tastend aus ihrem Leben (wie man sie gelehrt hat, es zu sehen und zu verstehen) heraus ein Selbstbild formen.

Ob man das Selbstbild nun als Ursache oder Auswirkung des Verhaltens betrachtet, es ist eine unbestreitbare Tatsache, daß es ein entscheidender Faktor für Glück und Erfolg ist. Ein unzufriedener, sich unzulänglich fühlender Mensch kann nicht glücklich sein, solange er ein verkrüppeltes Selbstbild hat, denn alle Vorsätze und Anstrengungen werden nur dazu führen, Scherben einer bereits zerbrochenen Persönlichkeit zusammenzufügen. Das Selbstbild kann nur durch wichtige und positive Erfahrungen im Leben, *die auch als solche wahrgenommen werden,* wiederhergestellt und neu aufgebaut werden. Und gerade für das so wichtige und folgenschwere Wahrnehmen ist die Hypnose eine unschätzbare Hilfe. Die Selbsthypnose ist ein unentbehrlicher Verbündeter, wenn man ein positives Selbstbild aufbauen will.

Auch die Selbstkontrolle ist ein wesentlicher Teil der Weiterentwicklung. Eigens dafür entworfene Programme wären eigentlich überflüssig, wenn das Ich stark genug wäre, mit allen Ängsten und Frustrationen realistisch und auf die richtige Weise umzugehen. Die, die es am nötigsten haben, an sich zu arbeiten, empfinden Selbstkontrolle als unangenehme Belastung, die die Frustrationen eher verstärkt als vermindert. Die Art von Selbstkontrolle, bei der man die Zähne zusammenbeißt und die Fäuste ballt, ist naturgemäß gegen einen selbst gerichtet. Wirkliche Selbstkontrolle kommt aus dem Unterbewußtsein. Sie ist eine Kontrolle *des Selbst durch das Selbst* und heißt nicht, sich widerwillig noch mehr selbst auferlegten Beschränkungen zu unterwerfen. Es ist keine Kontrolle, die von äußeren Kräften auf das innere Selbst ausgeübt wird; im Gegenteil, es ist das *innere Selbst, das die äußeren Kräfte unter Kontrolle hat.* Es ist mehr als die Konzeption vom ›Sieg des Geistes über die Materie‹, es ist die Kontrolle der äußeren Kräfte durch die inneren, und damit eines großen Bereiches aller Erfahrungen.

Diese innere Kraft, verschiedentlich auch als das Vorbewußte, das Unbewußte, das ›Es‹, das Unterbewußtsein usw. bezeichnet, ist offensichtlich die kontrollierende Kraft, die nicht nur hinter den meisten Verhaltensweisen, sondern auch hinter dem meisten bewußten Denken steht. Wie auch immer man sich dieses Unterbewußtsein vorstellt oder es definiert, es scheint eine überraschend (man ist versucht zu sagen: erschreckend) große Rolle im Leben zu spielen. Die Selbsthypnose ist ein wissenschaftlich fundierter Weg, diesen normalerweise unzugänglichen Teil des Geistes auf sinnvolle und einfach zu praktizierende Weise wohlüberlegt und systematisch zu beeinflussen.

Positives Denken, dieses Allheilmittel der grundsätzlich optimistischen Selbsthilfebücher und Artikel, ist ein schwer zu fassender Begriff, der noch schwerer in die Praxis umzusetzen ist, wenn man viele Jahre lang nur negativ gedacht hat. Wie abgegriffen das Schlagwort ›positives Denken‹ inzwischen auch geworden sein mag, es ist dennoch der Schlüssel zu einer gesunden Persönlichkeitsentwicklung und persönlichem Erfolg.

Wenn man es als realitätsfremde Technik betrachtet, um der rauhen Wirklichkeit des Lebens zu entgehen, dann würde es geringschätzige Verachtung verdienen. Versteht man es richtig, als optimistische und konstruktive Einstellung zum Leben, dann verdient es ernsthaft beachtet und angewendet zu werden. Der große Einfluß des positiven Denkens auf Gesundheit und Glück wird wahrscheinlich von niemandem mehr geschätzt als von den Hypnotherapeuten, die das einzigartige Privileg haben, seine Wirksamkeit bei ihren Patienten mitzuerleben. Zyniker, die das positive Denken herabsetzen und behaupten, daß man dadurch keine wesentlichen Persönlichkeitsveränderungen erreicht, sehen es nur vom Verstand her. Sie haben recht, wenn sie meinen, daß positives Denken nur von begrenztem Nutzen ist, soweit es ausschließlich auf intellektuellem Niveau abläuft. Durch die Selbsthypnose werden jedoch die Grundsätze des positiven Denkens im Unterbewußtsein verankert, wodurch eine dauerhafte, gesundheitsfördernde Wirkung auf die ganze Persönlichkeit gewährleistet ist.

Was ›positives Denken‹ wirklich heißt, werden Sie später erfahren, wenn es darum geht, wie Sie sich mit Selbsthypnose etwas suggerieren. Es ist vielleicht ganz anders als das, was Sie bisher darunter verstanden haben.

Viele der in Büchern zu diesem Thema gegebenen Anleitungen können von Nutzen sein, vorausgesetzt, man akzeptiert sie auf einer tieferen Bewußtseinsebene. Nehmen wir zum Beispiel die Lesetherapie, eine Behandlungsmethode, die aus einem Leseprogramm ausgewählter Bücher besteht, die mit den Bedürfnissen des Patienten in Zusammenhang stehen. Diese Methode ist dann effektiv, wenn der Betreffende den Inhalt vom Intellekt her versteht und er bei den Therapiesitzungen ausreichend Gelegenheit dazu hat, mit jemandem darüber zu sprechen, der ein größeres Wissen hat als er. Die Wirkung dieser intellektuellen Vorgehensweise kann enorm gesteigert werden, wenn die Inhalte mittels einer gleichzeitig durchgeführten Hypnotherapie internalisiert werden. Posthypnotische Suggestionen können den Patienten dazu motivieren, das Material zu lesen, ihn für das Thema aufgeschlossener machen und seine Bereitschaft erhöhen, sich an den Inhalt zu erinnern. Durch eine Besprechung im Trancezustand kann das Thema mit den tieferliegenden Bedürfnissen des Betreffenden auf sehr lebendige Weise in Beziehung gesetzt werden. Dieses Zusammenwirken von Hypnose und Lesetherapie eröffnet vielversprechende Möglichkeiten; in gleicher Weise kann auch die Selbsthypnose eingesetzt werden.

Die Gestaltung Ihres Zieles

Ihr *zukünftiges Selbst* oder *potentielles Selbst* wird das gewünschte Selbst sein, das Sie für sich selbst formulieren. Es wird nach dem gleichen Prinzip geformt wie Ihr gegenwärtiges Selbst, und Sie wissen inzwischen, wie das vor sich geht.

Es ist Ihr ›Selbst in Beziehung zur Umwelt‹, das Sie so nach Ihren Wünschen und Vorstellungen umgestalten müssen, wie es für Sie am besten ist. Wir werden jetzt die früher besprochenen Kategorien des Selbstbildes einzeln durchgehen und darauf basierend einen schriftlichen Plan für Sie persönlich entwerfen.

Das physische Selbst

Hier geht es darum, wie Sie selbst Ihren Körper, Gesundheitszustand, Ihr äußeres Erscheinungsbild, Ihre Fertigkeiten und Ihre Sexualität sehen (nicht wie andere Sie in dieser Hinsicht vielleicht einstufen, sondern wie Sie sich selbst sehen, sei es positiv oder negativ).

Sie können sich zum Beispiel auf einer Skala der Zufriedenheit mit sich selbst von negativ bis positiv in der Mitte einstufen oder näher an dem einen oder anderen Extrempunkt. Manches an Ihrem Körper, Ihrem Erscheinungsbild, Ihrer Sexualität usw. werden Sie mögen (positiv sehen), anderes werden Sie eher ablehnen (negativ sehen). Es sei hier noch einmal gesagt: Ihr physisches Selbstbild hat nichts mit einer objektiven Realität oder der Meinung anderer Menschen zu tun, sondern es geht darum, wie Sie sich in bezug auf die einzelnen Aspekte fühlen.

Wenn Sie eine genaue Beschreibung Ihres physischen Selbstbildes gemacht haben, wie Sie es zum gegenwärtigen

Zeitpunkt sehen, schreiben Sie die Merkmale Ihres *potentiellen physischen Selbst* auf, wie es zukünftig sein soll. Drücken Sie möglichst klar aus, was Sie verbessern möchten und wie es in einem Jahr sein soll.

Dann fertigen Sie eine Liste der einzelnen Schritte an, die Sie tun müssen, damit dieses *zukünftige physische Selbst* zur Realität wird, und zwar zuerst die, von denen Ihnen der gesunde Menschenverstand sagt, daß Sie sie bewußt unter Kontrolle haben.

Es kann zum Beispiel nötig sein, daß Sie mehr Sport treiben, weniger essen, bestimmte Fertigkeiten erwerben, sich mehr um Ihr Aussehen kümmern usw. Wenn Sie diese Dinge bewußt kontrollieren können, dann ist nichts weiter nötig, als sie so lange zu tun, bis sie Ihnen zur Gewohnheit geworden sind.

Und schließlich schreiben Sie die zum Erreichen Ihres *potentiellen physischen Selbst* notwendigen Schritte auf, von denen Sie meinen, daß sie von Ihrem Unterbewußtsein kontrolliert werden. Es könnte zum Beispiel sein, daß Ihnen mehr Sport oder eine Diät gut tun würde, Sie es aber aus irgendeinem Grund nicht schaffen, konsequent dabeizubleiben.

Solche Dinge sind normalerweise bewußt zu kontrollieren, aber Sie haben vielleicht das Gefühl, daß Sie dazu die Hilfe Ihres Unterbewußtseins brauchen. Seien Sie auch bei den Dingen, in denen Sie Ihr Unterbewußtsein zur Unterstützung brauchen, möglichst genau.

Die Punkte der letztgenannten Kategorie müssen später in die Form von Suggestionen gebracht werden, die Sie dann bei der Selbsthypnose anwenden!

Wenn Sie all das gründlich durchdacht haben, können Sie jetzt Ihre Überlegungen auf einem Blatt Papier in ein System bringen.

Arbeitsblatt zum physischen Selbst

1. Mein gegenwärtiges physisches Selbst, wie ich es wahrnehme:
   - + 3 sehr zufrieden
   - + 2 ziemlich zufrieden
   - + 1 teilweise zufrieden
   - – 1 teilweise unzufrieden
   - – 2 ziemlich unzufrieden
   - – 3 sehr unzufrieden

2. Mein potentielles physisches Selbst, wie ich es mir vorstelle:

   _____

   _____

   _____

   _____

3. Die zum Erreichen dieses potentiellen physischen Selbst notwendigen Schritte, *die ich bewußt unter Kontrolle habe:*

   _____

   _____

   _____

   _____

4. Die zum Erreichen dieses potentiellen physischen Selbst notwendigen Schritte, *die mehr von meinem Unterbewußtsein kontrolliert werden:*

_____

_____

_____

_____

Das moralisch-ethische Selbst

Damit ist gemeint, wie Sie sich selbst von einem moralisch-ethischen Gesichtspunkt aus wahrnehmen, d. h., wie Sie Ihre Moral bewerten, wie Sie Ihre Beziehung zu Gott sehen, ob Sie sich für einen ›guten‹ oder ›schlechten‹ Menschen halten, ob Sie mit Ihrer Glaubenseinstellung zufrieden sind (oder damit, daß Sie keinen Glauben haben). Stufen Sie diese Dinge auf einer Skala von negativ bis positiv ein, so wie Sie dazu stehen.

Anmerkung: Es kann sein, daß ein sehr frommer Mensch ein negatives moralisch-ethisches Selbstbild hat und ein Atheist ein sehr positives! Ob es positiv oder negativ ist, hängt nur davon ab, inwieweit Sie damit zufrieden sind oder nicht. Sehen Sie sich in dieser Hinsicht positiv oder negativ? Warum? Seien Sie auch hier so genau wie möglich.

Gehen Sie jetzt genauso vor wie beim physischen Selbstbild.

Arbeitsblatt zum moralisch-ethischen Selbst

1. Mein gegenwärtiges moralisch-ethisches Selbst, wie ich es wahrnehme:
   + 3 sehr zufrieden
   + 2 ziemlich zufrieden
   + 1 teilweise zufrieden
   − 1 teilweise unzufrieden
   − 2 ziemlich unzufrieden
   − 3 sehr unzufrieden

2. Mein potentielles moralisch-ethisches Selbst, wie ich es mir vorstelle:

   _____

   _____

   _____

   _____

3. Die zum Erreichen dieses potentiellen moralisch-ethischen Selbst notwendigen Schritte, *die ich bewußt unter Kontrolle habe:*

   _____

   _____

   _____

   _____

4. Die zum Erreichen dieses potentiellen moralisch-ethischen Selbst notwendigen Schritte, *die mehr von meinem Unterbewußtsein kontrolliert werden:*

___

___

___

___

Das familiäre Selbst

Bei diesem Teil Ihres Selbstbildes geht es darum, wie Sie sich als Familienmitglied sehen, wie positiv oder negativ Sie sich als Sohn oder Tochter, Vater oder Mutter, Bruder oder Schwester usw. einstufen. Beim familiären Selbstbild zählen zur ›Familie‹ auch die engsten Freunde. (Auch ein Mensch, der nie in einer richtigen Familie gelebt hat, hat Beziehungen dieser Art zu Menschen, die von den Emotionen her eine Familie ersetzen.) Ihr familiäres Selbstbild ist Ihre Wahrnehmung von sich selbst in Beziehung zu den Mitgliedern Ihrer Familie *und* zu Ihren engsten Freunden.

Wenn Sie gründlich darüber nachgedacht haben, legen Sie wieder ein Arbeitsblatt dazu an.

Arbeitsblatt zum familiären Selbst

1. Mein gegenwärtiges familiäres Selbst, wie ich es wahrnehme:
   + 3 sehr zufrieden
   + 2 ziemlich zufrieden
   + 1 teilweise zufrieden
   − 1 teilweise unzufrieden
   − 2 ziemlich unzufrieden
   − 3 sehr unzufrieden

2. Mein potentielles familiäres Selbst, wie ich es mir vorstelle:

   _____

   _____

   _____

   _____

3. Die zum Erreichen dieses potentiellen familiären Selbst notwendigen Schritte, *die ich bewußt unter Kontrolle habe:*

   _____

   _____

   _____

   _____

4. Die zum Erreichen dieses potentiellen familiären Selbst notwendigen Schritte, *die mehr von meinem Unterbewußtsein kontrolliert werden:*

___

___

___

___

Das soziale Selbst

Damit ist gemeint, wie Sie sich selbst in Ihrer Beziehung zu anderen in einem weiteren Sinn wahrnehmen, wie Sie Ihr ›soziales Leben‹ im allgemeinen sehen.

Stufen Sie jeden Aspekt, der Ihnen zu dieser Kategorie einfällt, in einer Skala von negativ bis positiv ein und legen Sie dazu wieder ein Arbeitsblatt an.

Arbeitsblatt zum sozialen Selbst

1. Mein gegenwärtiges soziales Selbst, wie ich es wahrnehme:
   + 3 sehr zufrieden
   + 2 ziemlich zufrieden
   + 1 teilweise zufrieden
   − 1 teilweise unzufrieden
   − 2 ziemlich unzufrieden
   − 3 sehr unzufrieden

2. Mein potentielles soziales Selbst, wie ich es mir vorstelle:

   _____

   _____

   _____

   _____

3. Die zum Erreichen dieses potentiellen sozialen Selbst notwendigen Schritte, *die ich bewußt unter Kontrolle habe:*

   _____

   _____

   _____

   _____

4. Die zum Erreichen dieses potentiellen sozialen Selbst notwendigen Schritte, *die mehr von meinem Unterbewußtsein kontrolliert werden*:

_____

_____

_____

Das persönliche Selbst

Hier geht es um Ihr Selbstwertgefühl und darum, wie Sie Ihre Persönlichkeit sehen, *ohne dabei Ihren Körper und die Beziehungen zu anderen Menschen zu berücksichtigen!* Viele Menschen investieren so viele Emotionen in ihren Körper und ihr Aussehen, daß nichts übrigbleiben würde, wenn sie irgendein schreckliches Unglück all dieser Dinge berauben würde. Was übrigbleibt, wenn Sie Ihre Gesundheit, Ihre Fähigkeiten, Ihre Sexualität, Ihr gutes Aussehen, Ihre Familie, Ihren Glauben verloren haben – das ist das, was mit ›persönlichem Selbst‹ gemeint ist. Wie würden Sie Ihre inneren Kräfte einstufen, wenn Sie all diese Dinge abziehen? (Denken Sie an Hiob in der Bibel. Was wäre geschehen, wenn er auch noch seinen Glauben an Gott verloren hätte? Nehmen wir an, es wäre so gewesen: wie hätte sein persönliches Selbstbild aussehen müssen, um seine Schwierigkeiten zu meistern? Stellen Sie sich vor, Sie wären in solch einer Situation, und überlegen Sie, wie Ihr persönliches Selbstbild in einem solchen Moment aussehen würde.)

Füllen Sie jetzt das letzte Arbeitsblatt auf die gleiche Weise aus wie die vorangegangenen.

Arbeitsblatt zum persönlichen Selbst

1. Mein gegenwärtiges persönliches Selbst, wie ich es wahrnehme:
   + 3 sehr zufrieden
   + 2 ziemlich zufrieden
   + 1 teilweise zufrieden
   − 1 teilweise unzufrieden
   − 2 ziemlich unzufrieden
   − 3 sehr unzufrieden

2. Mein potentielles persönliches Selbst, wie ich es mir vorstelle:

   _____

   _____

   _____

   _____

3. Die zum Erreichen dieses potentiellen persönlichen Selbst notwendigen Schritte, *die ich bewußt unter Kontrolle habe:*

   _____

   _____

   _____

   _____

4. Die zum Erreichen dieses potentiellen persönlichen Selbst notwendigen Schritte, *die mehr von meinem Unterbewußtsein kontrolliert werden:*

___

___

___

___

Wenn Sie diese Arbeitsblätter angelegt haben, haben Sie bereits einige wichtige Punkte geklärt. Sie haben Ihre Seele gründlich durchleuchtet und genau zu Papier gebracht, wie positiv oder negativ Sie sich in diesen Kategorien einstufen, die Ihr phänomenologisches Selbst ausmachen. Sie haben Ihr physisches, moralisch-ethisches, familiäres, soziales und persönliches Selbstbild klar definiert. Sie haben festgelegt, in welchen Bereichen Sie etwas verändern wollen und auch, wie das Endergebnis Ihres Vorhabens, sich persönlich weiterzuentwickeln, aussehen soll –, Sie haben Ihr zukünftiges potentielles Selbst in diesen einzelnen Bereichen visualisiert.

Und was noch wichtiger ist, Sie haben den Unterschied zwischen dem, wie Sie sind und wie Sie sein wollen, analysiert und bestimmte Schritte erarbeitet, wie dieser Unterschied überwunden werden kann. Um diese Schritte in die Praxis umzusetzen, werden manchmal einfach nur Entscheidungen und eine bewußte Veränderung von Gewohnheiten nötig sein. Bei anderen werden Sie auf die Hilfe und Unterstützung Ihrer inneren Kräfte zurückgreifen müssen. Viele dieser Schritte werden sich irgendwo überschneiden. Die Schritte, die Sie unter Punkt 4 der Arbeitsblätter notiert haben, liefern Ihnen das Material für die Autosuggestionen bei der Selbsthypnose.

Diese Arbeitsblätter auszufüllen, ist sicher keine mühselige Angelegenheit, wenn Sie diese Aufgabe als interessante Möglichkeit zur Selbsterkenntnis und als aufregendes Abenteuer auf dem Weg des persönlichen Wachstums und der Weiterentwicklung nehmen. Sie sollten bei jedem Arbeitsblatt gründlich nachdenken, denn Sie treffen damit die Entscheidung, wie Sie wirklich sein wollen. Es werden dabei oft so enge Grenzen gesetzt, daß die Menschen, die einen am besten kennen, am Ende kaum eine positive Veränderung feststellen können. Die zum Ausfüllen dieser Arbeitsblätter notwendige Selbstdisziplin verhindert, daß man die Dinge nur oberflächlich behandelt und das Resultat verfälscht ist.

Mit diesen Arbeitsblättern haben Sie einen genauen Plan in der Hand, wie Sie bestimmte Ziele mit welchen Schritten erreichen. Niemand, der ein Haus bauen oder auch umbauen möchte, dächte daran, dieses Vorhaben ohne detaillierte und genau durchdachte Entwürfe in die Tat umzusetzen. In unserem Fall sind die Arbeitsblätter die Entwürfe für die geplante Weiterentwicklung. Das Gute daran ist, daß Sie Ihre ›Entwürfe‹ während der ›Bauzeit‹ immer wieder durchsehen und verbessern können. Das An-sich-Arbeiten hört nie auf, und es ist sinnvoll und hilfreich, die eigene Entwicklung von Zeit zu Zeit zu überprüfen und seine Pläne nötigenfalls abzuändern.

Die verschiedenen Aspekte Ihres *potentiellen Selbst,* die Sie sich sorgfältig und gewissenhaft erarbeitet haben, sind wichtige Anhaltspunkte auf Ihrem Weg der Weiterentwicklung.

Sie haben die einzelnen Schritte notiert, die Sie *bewußt* tun müssen, um das von Ihnen angestrebte Selbst zu erreichen. In dieser Phase Ihres Programms zur Weiterentwicklung müssen Sie sich nur oft genug daran erinnern, damit sie schließlich zur Gewohnheit werden. Das bedarf einiger Charakterstärke und mancher Anstrengung, was aber ganz in Ihrer Macht liegt. Wenn Sie diese bewußten Schritte ein paar Monate – oder auch weniger lang – konsequent durchgeführt haben, sind sie so zur Gewohnheit geworden, daß Sie überrascht sein werden, wie sich Ihr Leben dadurch verändert hat.

Sie haben auch andere Dinge notiert, von denen Sie glauben, daß ihre Ausführung sich Ihrer bewußten Kontrolle entzieht. Um diese Ziele zu erreichen, müssen Sie Ihr Unterbewußtsein beeinflussen, was dann zu den gewünschten Resultaten in Ihrem Leben führen wird. In dieser Phase Ihres Programms zur Weiterentwicklung müssen Sie die *Selbsthypnose* anwenden. *Sie ist das einzige bekannte Mittel, das Unterbewußtsein gezielt zu beeinflussen.*

Diese beiden Wege zur Weiterentwicklung, der bewußte und der unbewußte, müssen gleichzeitig verfolgt werden. Wenn Sie zu Ihrem *potentiellen Selbst* oder *zukünftigen Selbst* kommen wollen, müssen Sie manche Dinge bewußt zur Gewohnheit machen und gleichzeitig konsequent die Selbsthypnose einsetzen, damit das Unterbewußtsein Ihre Pläne unterstützt. Ihr *angestrebtes Selbst* wird durch die Suggestionen, die Ihr Unterbewußtsein mit Hilfe der Selbsthypnose erreichen, zur Wirklichkeit.

Nur Sie allein können die Entwürfe anlegen, nach denen Sie Ihre Persönlichkeit ›umbauen‹ und Ihr Leben auf dieser Erde formen können. Niemand sonst hat dazu das Recht, aber auch niemand sonst trägt diese Verantwortung oder ist dazu befähigt. Sie verfügen jetzt über den *Plan* und die *Methode,* wie Sie Ihr Ziel erreichen können. Sie müssen diese Methode jetzt in ausreichendem Maß in die Praxis umsetzen und für Ihr Vorhaben nützen.

Die Hauptbestandteile der Selbsthpynose sind *Entspannung, Konzentration (kontrollierte Aufmerksamkeit) und Vi-*

sualisierung. Es gibt Kurse für geistige und körperliche Übungen, durch die man diese Fähigkeiten angeblich entwickeln kann. Ich selbst habe als Jugendlicher vieles davon praktiziert, fand es aber eher unterhaltsam als praktisch anwendbar.

Man kann diese Fähigkeiten am besten dann entwickeln, wenn man sie täglich für einen bestimmten Zweck praktiziert. Wenn Sie das in diesem Buch vorgeschlagene Programm konsequent durchführen, brauchen Sie keine anderen Übungen irgendwelcher Art.

Wenn Sie die Selbsthypnose täglich praktizieren, werden Sie bald sehen, welche Visualisierungen für Sie am besten sind. So hat zum Beispiel ein Buchhalter, der aus Sorge über die sich im Büro häufende Arbeit an Schlaflosigkeit litt, nach kurzer Zeit die für ihn hilfreichste Art der Visualisierung entdeckt. Er stellte sich während der Selbsthypnose einen Kleidersack vor, in dem die Arbeit, die er am nächsten Tag zu tun hatte, verpackt war. Er sah sich diesen Sack fest zubinden, ihn in eine Schachtel geben, die er ebenfalls gut verschnürte und sie dann in einer großen Schreibtischschublade einsperrte. Er sah, wie er das Büro verließ, die Tür zusperrte und das Bürogebäude mit einem erleichterten Lächeln verließ. Als er diese persönliche Visualisierung eine Woche lang praktiziert hatte, konnte er ›seine Arbeit im Büro lassen‹ (im emotionalen Sinn) und von da an jede Nacht wie ein Baby schlafen.

Die Visualisierungen, die Sie nach Ihren ganz persönlichen Bedürfnissen entwickeln, helfen Ihnen viel mehr als alles, was Sie dazu in diesem Buch lesen. Manche Menschen suchen ein ›Buch mit Rezepten‹ zur Weiterentwicklung, in dem sie die ›richtigen Suggestionen‹ für die Selbsthypnose finden. So einfach ist es leider nicht. Sie müssen sich schon selbst dabei einbringen. Die besten Visualisierungen und Suggestionen sind die, die Sie selbst entwickeln.

Wenn Sie die Selbsthypnose regelmäßig praktizieren, werden Sie etwas Wunderbares erleben: *die Entspannung wird ein Teil Ihres Lebens.* Sie werden eine neue Art von Aufmerksamkeit entwickeln, durch die Sie jede körperliche Anspannung in dem Moment, in dem sie entsteht, spüren und verringern können. Sie werden mehrmals täglich Ihren Körper im Geiste auf unnötige Spannungen hin überprüfen und bald herausfinden, wie Sie diese angespannten Körperzonen sofort entspannen können, ohne daß andere etwas davon merken. Sie werden heiter und gelassen sein, während andere auf die gleichen Belastungen destruktiv reagieren.

Durch regelmäßige Selbsthypnose, tagsüber oder abends, werden Sie bald in der Lage sein, sich in wenigen Augenblicken zu entspannen. Sie werden schnell einschlafen, Ihr Schlaf wird tief und gesund sein, und Sie werden angenehme Träume haben. Sie werden nur dann nicht schlafen, wenn Sie es nicht wollen. Sobald Sie es wollen, werden Geist und Körper entspannt und ruhig sein.

Ihre Fähigkeit zur Konzentration wird schon allein dadurch größer, weil Sie durch die Selbsthypnose verstehen lernen, was Konzentration wirklich ist. Wirkliche Konzentration stellt sich ohne Anstrengung ein, wenn man seinen Körper und die Umgebung gewissermaßen vergißt. Wer mit zusammengekniffenen Augen und gerunzelter Stirn dasitzt, *versucht* vielleicht, sich zu konzentrieren. Es wird ihm aber nur dann gelingen, wenn er sich, ohne sich anzustrengen, von der Sache, mit der er sich beschäftigt, ganz gefangennehmen läßt. Durch die Selbsthypnose werden Sie automatisch die Fähigkeit entwickeln, sich völlig zu entspannen, Ihre Wahrnehmungen einzugrenzen und Ihre Aufmerksamkeit mühelos auf jede gewünschte Sache zu konzentrieren, ganz gleich, wo Sie sind und was die anderen um Sie herum tun. Sie werden sehen, daß Sie diese kontrollierte Aufmerksamkeit ohne jede Anstrengung erreichen und werden dadurch in der Lage sein, lange Zeit ›geistig zu arbeiten‹, ohne zu ermüden oder sich ablenken zu lassen.

Durch die Selbsthypnose werden Sie auch alles, was mit Ihren Zielen für die Zukunft zusammenhängt, besser und klarer visualisieren können. Es ist ja gerade die Vorstellungskraft (Visualisierung), die das Unterbewußtsein beeinflußt. ›Bilder‹ sind die Sprache des Unterbewußtseins; wir sprechen zu ihm in Wort-Bildern, und das Unterbewußtsein äußert sich uns gegenüber mit der einzigartigen Symbolik, die ihm eigen ist. Worte können das Unterbewußtsein nur insoweit beeinflussen, wie sie mit klaren und lebhaften Bildern verbunden sind.

Je mehr Sie sich in Selbsthypnose üben, um so besser wird Ihnen die ›stumme‹ Autosuggestion gelingen, bei der Sie Ihrem inneren Auge ständig die gewünschten geistigen Bilder signalisieren. Das ist ›positives Denken‹ im wahrsten Sinn des Wortes: Sie beschäftigen sich geistig nicht mit dem, was Sie nicht wollen, sondern mit dem, was Sie wollen. Ihr Geist ist ständig mit positiven Bildern beschäftigt, die das Unterbewußtsein stark beeinflussen und damit auch intensiv auf Ihren Geist, Ihren Körper und Ihre Lebensumstände einwirken.

Was ich in den vorangegangenen Abschnitten gesagt habe, heißt nicht, daß die ›Selbsthypnose‹ all das bewirkt; man erreicht es durch *Praktizieren* der Selbsthypnose!

Wie Sie die Selbsthypnose in der Praxis planen

Um in der Selbsthypnose schnell Übung zu bekommen, empfehle ich Ihnen den folgenden Plan. Befolgen Sie die Anweisungen zur progressiven Entspannungsmethode und der Methode zur Sofort-Entspannung, bis Sie beide gut beherrschen. Machen Sie die progressive Entspannung, wenn Sie abends im Bett liegen. Denken Sie dabei nicht darüber nach, wie Sie den Trancezustand verlängern oder sich konstruktive Suggestionen geben können. Arbeiten Sie lieber daran, sich völlig zu entspannen, so daß Sie wirklich gut einschlafen können. Sie werden sich bald so tief und schnell entspannen können, daß Sie nach vier oder fünf Minuten in einen gesunden Schlaf fallen, wenn Sie es sich bequem machen, ein paar Male tief atmen und an Entspannung denken! Üben Sie das zwei ganze Wochen lang. Gehen Sie nicht einfach schlafen, sondern *legen Sie sich schlafen,* jede Nacht Ihres Lebens!

Natürlich ist Hypnose nicht das gleiche wie Schlaf, und die Selbsthypnose ist nicht als ›Schlafmittel‹ gedacht. Sie werden aber durch eine bestimmte Technik, die auf den Schlaf vorbereitet, lernen, sich zu entspannen. Das ist sehr hilfreich für Menschen, die besonders angespannt und nervös sind. Für solche, die normalerweise entspannter sind, ist es weniger wichtig.

Nach etwa einer Woche haben Sie herausgefunden, wie Sie sich in einer oder zwei Minuten körperlich bis zu einem Gefühl angenehmer Taubheit entspannen können. Wenn Sie die Selbsthypnose bis zu diesem Grad beherrschen (denken Sie daran, daß das Gefühl der ›Taubheit‹ das am häufigsten vorkommende Phänomen im Trancezustand ist), werden Sie lernen, wann die Trance über Sie kommt (oder Sie in den Trancezustand kommen, was Ihnen lieber ist) und *genau in diesem Moment* können Sie sich die Suggestionen geben, für die Sie sich entschieden haben.

Sie werden es dann sehr praktisch finden, die Selbsthypnose im Sitzen durchzuführen. Wenn Sie die progressive Entspannungsmethode vorher im Liegen praktiziert haben, wird es durch die veränderte Position vielleicht nötig sein, die Einführung in die Entspannung zu verkürzen. Wenn Sie die progressive Entspannung mindestens einmal täglich im Sitzen durchführen, sollten Sie nach einer Woche in der Lage sein, diesen entspannten Zustand in zwei oder drei Minuten zu erreichen.

Sie sollten während dieser Zeit auch die Sofort-Entspannung üben. Sie ist so kurz, daß Ihr Tagesplan bestimmt nicht durcheinandergerät. Sie können dafür, sooft Sie wollen, eine Minute am Tag investieren. Viele Menschen finden die Sofort-Entspannung leichter. Wenn Sie der gleichen Meinung sind, sollten Sie sie unbedingt und ausschließlich anwenden. Sofern Sie nicht extrem angespannt sind und die Spannung schwer loslassen können, ist die Sofort-Entspannung die von Anfang an empfehlenswerteste Methode. Jeder sollte sie so schnell wie möglich beherrschen. Wenn man sie einmal beherrscht, kann man ausschließlich diese Methode verwenden.

Sie können Ihre Fähigkeit zur Selbsthypnose sowohl in bezug auf die Schnelligkeit als auch auf die Tiefe durch die einfache und wirkungsvolle Technik der *Teilung* steigern. Sagen Sie sich vor dem Ende jeder Sitzung, daß Sie das nächste Mal sofort in einen tieferen und besseren Entspannungszustand kommen. Beim ›Aufwachen‹ fangen Sie dann sofort mit einer neuen Einführung in diesen Entspannungszustand an! Diesen Vorgang wiederholen Sie mehrmals, das heißt mit anderen Worten, daß Sie sich mehrmals in Selbsthypnose versetzen und sich dabei jedesmal die Suggestion geben, daß sie das nächste Mal leichter, schneller und tiefer sein wird. Wenn Sie zum Beispiel eine halbe Stunde zur Verfügung haben und den Trancezustand innerhalb von 15 Minuten herbeiführen können, sollten Sie es zweimal in dieser halben Stunde praktizieren. Das gleiche gilt, wenn Sie es in fünf Minuten schaffen; dann können Sie sich dreimal in 15 Minuten in diesen Zustand versetzen. Wenn Ihnen es in einer Minute gelingt, können Sie es fünfmal in fünf Minuten praktizieren.

Sie werden bald feststellen, daß zehn Sekunden ausreichen, um in den Hypnosezustand zu gelangen!

Lassen Sie uns zusammenfassen:
1. Sie praktizieren die Selbsthypnose zwei Wochen lang, wenn Sie sich zum Schlafen ins Bett gelegt haben;
2. gleichzeitig führen Sie sie im Sitzen 15 Minuten täglich eine ganze Woche lang durch;
3. praktizieren Sie die Selbsthypnose im Bett weiterhin, unabhängig von anderen Sitzungen.

Auch das ›schlechteste‹ Hypnoseobjekt wird nach 21 Tagen ein Experte in Selbsthypnose sein, wenn man diesen einfachen Anweisungen folgt! Da Sie sowieso jeden Abend zu Bett gehen, nehmen die abendlichen Sitzungen keine zusätzliche Zeit in Anspruch. Auch für die kurzen Sitzungen tagsüber kann jeder Zeit finden, selbst wenn er sehr beschäftigt ist. Nach drei Wochen werden Sie die Sofort-Entspannung mehrmals täglich durchführen können. Sie werden diese Übung interessant, entspannend und lohnend finden. Es wird dann nicht mehr etwas sein, was Sie ›üben‹, sondern etwas, was Sie einfach ›tun‹, sooft Sie daran denken.

Sie werden sich ganz einfach gerade hinsetzen, die Augen schließen und ein paar Mal tief atmen. Ihre Augen werden sich nicht mehr öffnen lassen, Sie denken an tiefe Entspannung und vertiefen diesen Zustand durch Zählen oder einfach Atmen, wobei Sie die Entspannung jedesmal verdoppeln. Das ist der Zeitpunkt, wo Sie Ihrem Unterbewußtsein Suggestionen geben können. Das Ganze nimmt nicht mehr als drei Minuten in Anspruch!

Es kann wirklich niemand behaupten, daß er zu wenig Zeit für Selbsthypnose hat. Man braucht dafür weniger Zeit, als einen Kaffee oder Tee zu trinken, und dafür hat anscheinend jeder Zeit!

Nach einem Monat Übung haben Sie sich für Ihr ganzes Leben eine Fähigkeit erworben, die Sie *jederzeit und an jedem Ort* zu Ihrem Vorteil einsetzen können.

Sobald Sie die Selbsthypnose gut beherrschen, können Sie sie zur Verwirklichung Ihrer Pläne zur Weiterentwicklung einsetzen und sich Ihr Unterbewußtsein für jedes gewünschte Ziel zunutze machen.

Emile Coué empfahl, den Satz ›mir geht es jeden Tag in jeder Hinsicht besser und besser‹ immer wieder zu wiederholen. Seiner Ansicht nach war dieser formelhafte Vorsatz in allen Fällen ausreichend, da ihn das Unterbewußtsein seinen Bedürfnissen entsprechend interpretieren könne. Coué hat damit nicht unrecht, aber Sie können Ihr Unterbewußtsein jetzt wesentlich besser einsetzen.

Wie man Suggestionen formuliert

Die ›rationalen Vorstellungen‹ und Ihre Arbeitsblätter liefern Ihnen das Material für Ihre Suggestionen. Sie müssen aber auch wissen, wie Sie die Suggestionen *formulieren* sollen, um eine möglichst große Wirkung auf Ihr Unterbewußtsein zu erreichen.

Die erste Regel ist, daß sie positiv sein müssen. Das heißt, sie müssen sowohl der *Form* nach als auch vom *Inhalt* her positiv sein. Der Satz: »Ich werde nicht nervös und ganz aus dem Häuschen sein« ist zwar vom Inhalt her positiv, von der Formulierung her aber negativ! *So soll eine Suggestion nicht aussehen*. Da das Unterbewußtsein auf Bilder anspricht, erreicht man mit einer negativ formulierten Suggestion nur das Gegenteil von dem, was man will! Wenn Ihnen zum Beispiel Ihr Kind ein Glas Wasser bringt und Sie rufen: »Verschütte es nicht!«, dann wird dem Unterbewußtsein das Bild vermittelt:

»Verschütte es!« Das Glas Wasser wird wahrscheinlich verschüttet. »Sei nicht nervös« wird vom Unterbewußtsein als ›sei nervös‹ verstanden; denn es wird das Bild von Nervosität vermittelt.

Denken Sie immer daran, daß Sie Ihre geistige Kraft mit positivem Denken für die Dinge einsetzen, die Sie wollen, und nicht an Sachen hängenbleiben, die Sie nicht wollen. Sie sollten sich also nicht das Fehlen von Nervosität suggerieren, sondern das Gegenteil von Nervosität. Die richtige Suggestion bei der Selbsthypnose lautet: »Ich werde ruhig und zuversichtlich sein.«

Das Unterbewußtsein hört die Worte ›ruhig und zuversichtlich‹, bekommt die entsprechenden Bilder vermittelt und realisiert sie.

»Ich werde nichts mehr essen, was dick macht« wird vom Unterbewußtsein interpretiert als ›essen, was dick macht‹; denn diese Aussage ist mit dem Bild dickmachender Speisen verbunden. Ebenso wird der Satz »Ich werde mich nicht ärgern« als ›ärgern‹ interpretiert, usw. Überdenken Sie einmal den Unterschied zu den folgenden Aussagen: »Ich nehme nur noch vollwertige, natürliche Nahrungsmittel zu mir. Ich esse nur noch kleine, vernünftige Portionen, die ich voll auskoste. Ich fühle mich immer satt und zufrieden. Ich treibe mehr Sport und fühle mich sehr gut dabei. Ich kontrolliere meine Wünsche und Gewohnheiten und tue nur das, was gut für mich ist. Ich bin von allem überzeugt, was ich sage, denke oder tue. Ich mag andere Menschen, und sie mögen mich« usw.

Dies sind Beispiele für Suggestionen, die vom Inhalt *und* von der Formulierung her positiv sind.

Negative Suggestionen werden in der Hypnose auch als negative Suggestionen registriert, selbst dann, wenn sie positiv gemeint sind. Das Unterbewußtsein arbeitet eben auf diese

Weise. Negative Worte wie ›nicht‹, ›mache ... nicht‹, ›werde ... nicht‹ und ›sollte ... nicht‹, usw. unterstreichen nur das, was in dem Satz verneint wird. Vom hypnologischen Standpunkt aus ist ganz klar, warum die Zehn Gebote in der Praxis nicht mehr befolgt werden; denn acht oder neun sind negativ formuliert: »Du sollst dies oder jenes nicht tun« wird vom Unterbewußtsein aufgenommen als »Du sollst dies oder jenes tun«.

In erfrischendem Kontrast dazu hat Christus die Gebote in zwei positiven Aussagen zusammengefaßt: »Du sollst Gott, deinen Herrn, lieben« und »Liebe deinen Nächsten wie dich selbst«.

Formulieren Sie Ihre Suggestionen zur Selbsthypnose immer *ganz* positiv (sowohl vom Inhalt als auch von der Form her), und machen Sie sich das auch beim bewußten Denken zur Gewohnheit. Dann sind Sie wirklich jemand, der positiv denkt und ein positives Leben führt!

Die zweite Regel für Ihre Suggestionen lautet, daß Sie sich dabei ›sehen‹ können, d. h. sich so fühlen, denken und handeln, wie Sie es sich suggerieren.

Wirksame Suggestionen müssen nicht unbedingt in Worte gefaßt sein, sie sollen der Vorstellungskraft aber immer Bilder übermitteln. Wenn Sie Ihrem Unterbewußtsein ein positives Bild ›signalisieren‹, geben Sie ihm damit eine stumme hypnotische Suggestion.

Sicher kennen Sie den Ausspruch: »Ich kann mir überhaupt nicht vorstellen, daß ich dies oder jenes tue!« Wenn das wirklich zutrifft, dann wird derjenige diese Sache auch niemals tun. Sie müssen Ihre Suggestionen so formulieren, daß Sie sich diese als reale Begebenheiten bildhaft vorstellen können.

Die dritte und letzte Regel besagt, daß die Suggestionen kurz sein müssen. Schreiben Sie sie auf und fassen Sie sie dann zusammen. Man kann eine Seite in einem kurzen Absatz zusammenfassen, ohne daß von der wichtigen Grundaussage etwas verlorengeht. Diesen Absatz kann man auf einen einzigen Satz reduzieren. Und selbst diesen Satz kann man noch auf ein Wort verkürzen, zu einem ›Codewort‹, das (für Ihr Unterbewußtsein) den Inhalt einer ganzen Seite mit einer detaillierten Beschreibung einer Suggestion umfaßt. Als Beispiel sei hier die beim Militär übliche Praxis angeführt, eine komplexe Operation als ›Plan A‹, ›Plan B‹ usw. zu bezeichnen.

Zu ›Plan A‹ gehören vielleicht Tausende von Einzelaktionen, die gleichzeitig von Hunderten von Soldaten durchgeführt werden müssen, aber jeder weiß, was er tun muß, wenn ›Plan A‹ in Kraft tritt. Je nach den Gegebenheiten kann auch die Anweisung ergehen, daß die Operation nach ›Plan B‹ abläuft. Jeder der Beteiligten versteht die Bedeutung des Codeworts ›Plan B‹.

Auf die gleiche Weise können Code- oder Schlüsselwörter in der Hypnose verwendet werden, um komplexe Vorstellungen zu symbolisieren. Sie werden feststellen, daß Sie bei Ihrem Programm zur Weiterentwicklung Codeworte wie ›Geduld‹, ›Zuversicht‹ oder ›Selbstkontrolle‹ als zusammengefaßte Suggestion verwenden können. Von grundlegender Bedeutung dabei ist aber, daß Sie sich auch *die Handlungen, die dieses Codewort umfaßt, bildhaft vorstellen können,* wenn Sie es denken!

Weder die Einleitung der Hypnose noch die Suggestionen sind ein komplizierter Vorgang, wenn Sie einige grundlegende Regeln beachten. Wenn Sie immer die Methode der Sofort-Entspannung anwenden und sich knappe, positive und reizvolle Suggestionen geben, die Sie sich bildhaft vorstellen können, werden Sie schon nach kurzer Zeit erstaunliche Fortschritte machen.

Geistige ›Treffsicherheit‹

Maschinengewehre wurden für Menschen entwickelt, die nicht gut zielen können. In den 30er Jahren erlebten schießwütige Gangster und Schieber eine unangenehme Überraschung, als FBI-Männer die Probleme ›mit blauen Bohnen‹ entscheiden wollten. Die Gangster hatten Maschinengewehre, die FBI-Männer waren mit Gewehren und Revolvern ausgerüstet. Die Gangster verschossen viele Kugeln, die FBI-Männer hingegen hatten viel Zeit auf dem Schießstand verbracht, um ihre Treffsicherheit zu erhöhen, und trafen das, worauf sie zielten.

Schrotflinten werden nicht bei der Jagd auf Großwild verwendet, sondern nur für kleine Ziele wie Vögel, die die meisten Jäger sonst nicht treffen, weil sie zu klein sind. Innerhalb eines bestimmten Bereiches genügt es, eine Schrotflinte in Richtung auf das gewünschte Ziel abzufeuern.

Was will dieser Einschub über Waffen in einem Buch zur persönlichen Weiterentwicklung veranschaulichen? Viele Menschen gehen die Selbsthypnose zur Weiterentwicklung wie mit der ›Schrotflinte‹ an; sie meinen irrtümlicherweise, daß es genügt, Suggestionen einfach so ungenau wie mit einer Schrotflinte ungefähr in die Richtung ihrer unklar definierten Ziele abzufeuern. Bei der Schrotflinte und dem Maschinengewehr treffen viele Kugeln ins Leere. Ein guter Schütze trifft mit einem Gewehr oder einer Pistole immer ins Schwarze.

Statt nach der ›Schrotflinten-Methode‹ vorzugehen, können Sie jetzt wie ein Schütze mit Gewehr zielen. Sie können sorgfältig zielen, den Abzug spannen und jedesmal ins Schwarze treffen. Sie legen Ihre Ziele fest und ›feuern‹ dann mit der Selbsthypnose die richtigen Suggestionen ab, denn Sie wissen, wo die Ziele sind und haben eine perfekte geistige

Treffsicherheit entwickelt, wenn Sie sich nach dem in diesem Buch empfohlenen Programm richten.

Wenn Sie nach der hier vorgeschlagenen Methode zur Weiterentwicklung vorgehen, identifizieren Sie sich mit Ihren Problemen, formulieren dann die geeigneten Suggestionen, um sie zu korrigieren und planen Ihre Selbsthypnose-Sitzungen dann ganz zielgerichtet.

Als Basis für die Suggestionen nehmen Sie die Aspekte des *potentiellen Selbst,* die Sie auf Ihren Arbeitsblättern als zur Erreichung Ihres Ziels nötig festgehalten haben. Die unter Punkt 4 notierten Schritte, für die Sie die Unterstützung Ihres Unterbewußtseins brauchen, liefern Ihnen das Arbeitsmaterial für die Selbsthypnosesitzungen.

Arbeiten Sie in jeder Sitzung nur an jeweils einem Thema und bearbeiten Sie es so lange, bis Sie Fortschritte feststellen. Die Fortschritte sind an den positiven Veränderungen in Ihrem Leben zu messen und nicht an Ihrer subjektiven Meinung dazu, wie Sie sich nach der Selbsthypnosesitzung selbst fühlen. Es hat keinen Wert, wenn Sie während der Selbsthypnose ›völlig entrückt‹ sind (das wird sowieso nicht der Fall sein), wenn es keine positiven praktischen Veränderungen in Ihrem Alltagsleben gibt. Der einzige Erfolgsmaßstab sind merkliche Fortschritte in Ihrem täglichen Leben über einige Wochen hinweg. (Der einzige Maßstab für einen Mißerfolg ist, wenn solche Fortschritte ausbleiben.)

Fangen Sie mit dem Teil des ›Selbst‹ an, von dem Sie denken, daß er für Sie am wichtigsten ist. Wenden Sie dann einen ganzen Monat lang jeden Tag in den Selbsthypnose-Sitzungen die für diese Kategorie geeigneten Suggestionen an. Mit anderen Worten, Sie verwenden dreißig Sitzungen auf den Bereich des Selbst, den Sie für am wichtigsten halten und sofort verändern wollen. Wenn Sie die Suggestionen positiv formulieren und sich ohne Anstrengung auf die Visualisierung des gewünschten Resultats konzentrieren, werden Sie eine ganz eindeutige, wenn nicht sogar dramatische Verbesserung feststellen, bevor diese dreißig Tage vorbei sind. Dreißig Sitzungen mit Hypnotherapie sind mehr als genug, um ›Wunder‹ bei seinem Selbstbild zu bewirken.

Widmen Sie dann Ihre täglichen Selbsthypnose-Sitzungen eine ganze Woche lang den anderen Aspekten des Selbst (das heißt, dem physischen, moralisch-ethischen, familiären, sozialen und persönlichen Selbst) und beobachten Sie die schnelle Verbesserung. Wenn Sie nach diesem Programm vorgehen, haben Sie Ihr Unterbewußtsein in zwei Monaten so programmiert, daß Sie zu dem *potentiellen Selbst* kommen, das Sie entworfen haben.

Hier eine Zusammenfassung des praktischen Ablaufs des *ganzen* Programms:
1. Üben Sie zwei Wochen lang abends im Bett die progressive Entspannungsmethode; gleichzeitig üben Sie mehrmals täglich die Methode zur Sofort-Entspannung.
2. Üben Sie die Einleitung zur Selbsthypnose mit der Methode der Sofort-Entspannung insgesamt eine halbe Stunde lang täglich im Sitzen, und zwar eine ganze Woche lang. Dabei üben Sie weiterhin die Entspannung abends im Bett.
3. Geben Sie sich dann in der Selbsthypnose jeden Tag die Suggestionen, die Sie für Ihr *potentielles Selbst* als am wichtigsten betrachten. Machen Sie das dreißig Tage lang.
4. Machen Sie das gleiche eine Woche lang mit einer zweiten Kategorie.
5. Machen Sie das gleiche eine Woche lang mit einer dritten Kategorie.
6. Machen Sie das gleiche eine Woche lang mit einer vierten Kategorie.

7. Machen Sie das gleiche eine Woche lang mit einer fünften Kategorie (wenn Sie das Gefühl haben, daß es nötig ist).

In nur elf Wochen werden Sie damit begonnen haben, Ihre Persönlichkeit gründlich zu überholen. Nach drei Monaten der Praxis wird Ihr *wahrgenommenes Selbst* mit dem *angestrebten Selbst* nahezu identisch sein, da Ihr *zukünftiges* oder *potentielles Selbst* für Sie inzwischen zur Realität geworden ist. Natürlich ist das nicht das Ende, sondern ein neuer Anfang. Es ist die Basis für wichtigere und größere Dinge in der Zukunft.

Inzwischen ist Ihre ›geistige Treffsicherheit‹ auch so ausgezeichnet, daß Sie die Selbsthypnose für den Rest Ihres Lebens für jedes Vorhaben wirkungsvoll einsetzen können.

Gehen Sie noch einmal zu dem Abschnitt über die destruktiven Selbstsuggestionen zurück (die ›irrationalen Vorstellungen‹). Wenn auch Sie zu den Menschen gehört haben, die sich diese negativen und törichten Dinge selbst suggeriert haben, dann geben Sie sich jetzt bitte die richtigen Suggestionen (die ›rationalen Vorstellungen‹) anstelle der falschen. Wenden Sie die positiven Suggestionen täglich eine Woche lang bei Ihren Selbsthypnose-Sitzungen an. Überprüfen Sie die Liste von Zeit zu Zeit, um festzustellen, ob Sie wieder in einen der alten Fehler verfallen sind. Ihre geistige Gesundheit wird sich durch die systematische Anwendung dieser richtigen Suggestionen bei Ihren täglichen Sitzungen ganz beträchtlich verbessern.

Es empfiehlt sich, so lange ausschließlich an einem Problembereich zu arbeiten, bis man alles gelöst hat. Wenn Sie Ihr Unterbewußtsein mit zu vielen verschiedenen Suggestionen bombardieren, gehen Sie wieder nach der ›Schrotflinten-Methode‹ vor. Das ist zwar besser als nichts, jedoch weit weniger effektiv als das methodische Vorgehen ›mit dem Gewehr‹. Fassen Sie Ihr Ziel ins Auge, planen Sie die einzelnen Schritte und arbeiten Sie so lange daran, bis Sie es erreicht haben.

Sie werden feststellen, daß zwei Wochen mit täglichen Selbsthypnose-Sitzungen völlig ausreichend sind, um bei den meisten Problemen Erfolge zu erzielen. Wenn Sie das Gefühl haben, nicht mehr weiterzukommen, überprüfen Sie Ihre Suggestionen; vielleicht können Sie sie verbessern. *Durch eine minimale Änderung der Formulierung lassen sich oft wesentlich bessere Ereignisse erreichen.* Lassen Sie mich das Beispiel eines Mannes anführen, dessen rechte Hand sehr stark zu zittern begann, sobald ihn jemand ansah. Bei dem Gedanken, daß ihm jemand zusehen könnte, zitterte sie so stark, daß er im Beisein von anderen nicht einmal aus einem Glas oder einer Tasse trinken konnte. Er versuchte es mit Selbsthypnose und der Suggestion ›Ich bin ruhig und selbstsicher‹, was aber bei diesem spezifischen Problem keinen Erfolg hatte. Er überprüfte die Suggestion und änderte sie wie folgt ab: »Ich bin ruhig und selbstsicher, *zu jeder Zeit, an jedem Ort und in jeder Gesellschaft.*«

Innerhalb einer Woche war das Zittern verschwunden und trat nie mehr auf!

Vergessen Sie auch nicht die bewußten Schritte, die Sie unternehmen müssen, um Ihr Ziel zu erreichen. Gewöhnen Sie sich an, nach dem zu handeln, was Ihr Verstand als für das Programm zur Weiterentwicklung für richtig hält. Sie werden überrascht sein, wie leicht es ist, sich die richtigen Dinge anzugewöhnen, wenn eine starke Motivation und die richtige Einstellung dahinterstehen!

Es ist auch nicht nötig, negative Gedanken und Vorgehensweisen ›auszuradieren‹, indem man sie direkt angreift. Man muß ja auch eine Tonbandaufnahme nicht zuerst löschen, bevor man etwas Neues aufnehmen kann (sie wird durch die

Neuaufnahme automatisch gelöscht). Positive Suggestionen arbeiten im Unterbewußtsein auf die gleiche Weise. Indem Sie Ihren Geist durch Selbsthypnose mit positiven Suggestionen programmieren, werden automatisch die Gedanken, Gefühle und Vorgehensweisen ›gelöscht‹, von denen Sie sich trennen wollen.

Wenden Sie die Selbsthypnose jeden Tag für Ihre Probleme und Ziele an, nicht nur zu einer festgelegten Zeit, sondern immer dann und dort, wenn Sie etwas Zeit dafür erübrigen können. Versuchen Sie, sich an kurze Sitzungen in jeder möglichen Umgebung zu gewöhnen, so daß Sie auch für Notfälle oder unerwartete Umstände gerüstet sind. Lassen Sie nie die Selbsthypnose am Abend ausfallen und achten Sie darauf, immer mit einem positiven, angenehmen Gedanken einzuschlafen, so daß Ihr Unterbewußtsein die Nacht über in aller Ruhe daran arbeiten kann.

Versuchen sie, jederzeit eine positive geistige Haltung zu haben. Seien Sie glücklich und optimistisch. Schützen Sie sich vor negativen Einflüssen.

Machen Sie die Selbsthypnose zu einem alltäglichen Bestandteil Ihres Lebens. Sie können in jedem Fall immer die allgemeine, von Coué empfohlene Suggestion anwenden: »Es geht mir von Tag zu Tag in jeder Hinsicht besser und besser.« Übrigens ließ Coué Kinder die positive Suggestion hersagen: »Ich werde jeden Tag in jeder Hinsicht immer mehr zu einem guten Jungen (Mädchen).« Wenn Sie diese allgemeine Suggestion verwenden, sollten Sie die Aussage ›in jeder Hinsicht‹ auch richtig visualisieren können.

Die ersten, die vom Fliegen träumten, fanden nicht das Fliegen an sich am schwierigsten, sondern – das Abheben vom Boden. Genauso ist es, wenn man selbst sich weiterentwickeln will. Nicht die Entwicklung, die Bewegung ist schwierig, sondern der Anfang!

Wenn Sie diesem Programm gewissenhaft folgen, werden Sie sozusagen vom Boden abheben und fliegen können. Es bringt Sie in Bewegung, so daß Sie weitermachen können. Aber, wie schon am Anfang gesagt: *Sie selbst* müssen damit beginnen, *Sie selbst* müssen weitermachen! Das Trägheitsgesetz aus der Physik sagt, daß stillstehende Objekte stillstehen, solange nicht eine größere Kraft auf sie einwirkt, und daß sich bewegende Objekte so lange bewegen, wie nicht eine gleiche oder größere Kraft auf sie einwirkt (durch Reibung oder eine Schwelle). Dieses Trägheitsgesetz läßt sich auch auf das menschliche Verhalten anwenden: Nichts bewegt sich, wenn es keinen Anstoß bekommt; wenn es einmal in Gang gekommen ist, ist es leicht, es in Bewegung zu halten! Mit Veränderungen im Leben ist es, wie wenn man ein Auto anschiebt. Am Anfang scheint es große Mühe zu erfordern, wenn es vor- und zurückschaukelt. Wenn die Räder sich dann einmal drehen, ist es nicht mehr schwer. Diese wunderbare Erfahrung werden Sie auch machen, wenn Sie nach dem hier vorgeschlagenen Programm vorgehen: Wenn sich einmal in einer Problemsituation das Geringste bewegt, kommt bald vieles ins Rollen; ist der Anfang gemacht, kommt auch Schwung in die Sache!

Es gibt eine Redensart, die sagt: »Dem Erfolgreichen öffnen sich alle Türen.« Wenn Sie einmal den richtigen Weg eingeschlagen haben, scheint Ihnen wie von selbst alles Gute zu begegnen. Früher unmöglich erscheinende Dinge werden plötzlich ganz einfach. Eine sehr schüchterne Frau stellte überrascht fest, welche Fortschritte sie durch die Selbsthypnose machte. Es war einfach so, daß die anderen positiver auf sie reagierten, sobald sie ein kleines bißchen selbstsicherer geworden war. Das wiederum ermutigte sie dazu, sich wieder mehr zuzutrauen. Bald hatten sich ihre ganze Persönlichkeit und ihre Beziehungen zu ihrer Umwelt entscheidend verbessert. Ebenso wird es bei Ihnen sein, wenn Sie ein paar Schritte auf Ihr Ziel hin gemacht haben. Sie werden sehen, daß dieser Prozeß sich weit über Ihre Erwartungen hinaus beschleunigt. Jeder kleinste Fortschritt am Anfang ist ein Grund für unbegrenzten Optimismus, denn es ist die Gewähr für immer schnellere Fortschritte.

Die in jedem Leben unvermeidlichen Rückschläge sind kein Grund, sich entmutigen zu lassen. Die ersten Boden-Luft-Raketen zum Beispiel, die konstruiert wurden, wurden durch die Hitze der Triebwerke der als Ziel anvisierten Flugzeuge gelenkt. Sie flogen nicht in einer geraden Linie, sondern nahmen einen Zickzack-Kurs, der von den Hitze-Sensoren immer wieder neu bestimmt wurde, je nachdem, ob sie bei der Jagd nach ihrem Ziel ›heiß‹ oder ›kalt‹ registrierten. (Diese ersten Raketen wurden ›Sidewinder‹ genannt nach einer Schlange, die sich seitwärts schlängelnd auf ihr Ziel zubewegt.) Auch bei Ihrer Weiterentwicklung haben Sie vielleicht manchmal das Gefühl, daß Ihr Weg im Zickzack verläuft. Solange Sie sich auf Ihr Ziel zubewegen, werden Sie es erreichen; denn Ihr Unterbewußtsein wird schon dafür sorgen, daß Sie auf dem richtigen Weg bleiben!

Es ist wichtig, daß Sie erkennen, wann Sie sich aufgrund kleiner Rückschläge im Zickzack auf Ihr Ziel zubewegen und wann Sie einen anderen Weg eingeschlagen haben, der Sie nicht zum Ziel führt. Um das abzuschalten, sollten Sie Ihre Entwicklung von Zeit zu Zeit überprüfen. Manchmal werden Sie feststellen, daß Sie sich ein kleineres Ziel unklugerweise so gesetzt haben, daß es Sie von Ihrem Weg auf das große Ziel hin abbringt.

Wenn Sie einmal auf dem Weg des Erfolgs sind, ist es sehr wichtig, in Bewegung zu bleiben und bei der Weiterentwicklung immer wieder Neues zu erobern. Die Selbsthypnose ist ein Mittel dazu, jede Tätigkeit in Ihrem Leben jeden Tag wertvoller zu machen. Da man sehr leicht ein fanatischer Verfechter erweiterter und selbstbestimmter Geisteskraft werden kann, habe ich bewußt darauf verzichtet, viele auf Selbsthypnose basierende ›Erfolgsgeschichten‹ anzuführen. Sie würden jemandem, der am Anfang steht, fantastisch und eigentlich unglaublich erscheinen. Wenn Sie aber ständig üben, Ihre Ziele ernst nehmen *und diese Methode anwenden,* können Sie mit Sicherheit bald *Ihre eigene Erfolgsgeschichte* schreiben! Sie wird für andere ebenso unglaublich klingen.

Es gibt sehr viele Menschen, die ›alles‹ über Hypnose und Selbsthypnose wissen, weil sie einen Kurs gemacht oder ein oder zwei Bücher gelesen haben. Vielleicht haben sie sie auch eine Zeitlang praktiziert, aber bald damit aufgehört. Ihr Geist und ihr Leben haben sich trotz ihres angeblichen Wissens nicht verändert. Sie besitzen Aladins Wunderlampe, reiben aber sehr selten daran. Entscheiden Sie sich dafür, einer der wenigen zu sein, die aus dieser wunderbaren Kraft eine ›Lebensart‹ machen, die Ihnen dazu verhilft, das zu sein und zu tun, was Sie sein und tun wollen!

Ihr Weg zum Erfolg

Man sagt: »Wissen ist Macht«, aber das ist nur teilweise richtig. Wissen ist nur dann Macht, wenn es in den Dienst eines brennenden Wunsches gestellt wird, ein bestimmtes Ziel zu erreichen.

Man sagt auch, daß die Hypnose sehr viel Macht hat, aber auch das ist nur teilweise richtig. Die Hypnose ist ein Geisteszustand, eine Technik, eine Methode. Die Selbsthypnose ist der Schlüssel zu Ihrem Unterbewußtsein, aber *die ganze Kraft und Macht steckt in Ihrem Geist.* Sie war und ist immer dort und wartet darauf, genutzt zu werden.

Bei ihrer Einführung waren alle Menschen von den Mikrocomputern fasziniert; inzwischen sind sie so zur Alltäglichkeit geworden, daß jeder sie als ganz selbstverständlich hinnimmt. Stellen Sie sich vor, ein Freund zeigt Ihnen einen kleinen schwarzen Kasten, den er sorgfältig verwahrt hat. Auf Ihre Frage antwortet er: »Das ist ein tragbarer Minicomputer von hoher Genauigkeit, der so präzise arbeitet, daß er fast unfehlbar ist. Es hilft mir, schwierige persönliche Probleme zu lösen. Er hilft mir dabei zu lernen, mich zu konzentrieren und zu erinnern. Ich habe dadurch immer einen Vorteil. *Es ist mein persönlicher Erfolgsmechanismus!* Ich kontrolliere dadurch ganz meinen Geist, meine Emotionen und viele meiner körperlichen Funktionen. Dieser ›Erfolgsmechanismus‹ ist unbezahlbar, denn er ist *der einzige, den es gibt!*«

Sie würden wahrscheinlich alles dafür geben, einen solchen Erfolgsmechanismus zu besitzen, und er wäre jedes Opfer wert. Was dieses Buch Ihnen sagen will, ist, daß *Sie diesen Erfolgsmechanismus besitzen* – es ist *Ihr Unterbewußtsein!*

Ihr aktiviertes Gehirn, Ihr Geist, ist einzigartig und unbezahlbar. Ihr ganzer Körper mit all seinen Organen existiert an sich nur für dieses Gehirn. Ihr Gehirn ist das letzte Organ Ihres Körpers, das stirbt; jedes andere Organ opfert sich früher, bis zum letzten Schlag Ihres Herzens, damit das Gehirn ein paar Augenblicke länger am Leben bleibt. Man setzt lebenserhaltende Maschinen ein, damit Ihre Lungen die Atemtätigkeit und Ihr Herz seine Funktion fortsetzen. Mediziner wie auch Rechtsexperten sind sich darin einig, daß der Mensch dann tot ist (und nur dann), wenn sein Gehirn stirbt. Dieses Gehirn, weit komplexer als es ein Computer je sein kann, besitzt irgendwo all die Funktionen, die wir als Unterbewußtsein bezeichnen. Es kann Ihre früheren Erfahrungen überprüfen, Daten in Ihrem Gedächtnis zusammenfügen,

Ihnen positive Einsichten geben und eine Unzahl unverständlicher Dinge vermitteln, die zu wunderbar und zu hilfreich sind, um sie alle zu nennen, wenn wir das überhaupt könnten. Das ist Ihr Erfolgsmechanismus. Verwenden Sie ihn auf sinnvolle Weise!

Anhang

Spirituelle Weiter-entwicklung

Dieser Teil des Buches ist den Menschen gewidmet, die sich am Geistigen orientieren und ihre Weiterentwicklung als einen Prozeß begreifen, durch den sie – moralisch gesehen – besser, religiöser oder Gott ähnlicher werden.

Es wurde bewußt vermieden, die vorangegangenen Abschnitte über die Persönlichkeit, die Weiterentwicklung und Selbsthypnose auch metaphysisch zu interpretieren. Sie sind deshalb nicht weniger zutreffend, sie sind nur ein Zugeständnis an die Leser, die aufgrund früherer Erfahrungen leider gegen spirituelle oder auch religiöse Interpretationen eingestellt sind. Es gibt keinen Grund dafür, warum man ihnen vorenthalten sollte, wie sie ihr Unterbewußtsein für positive Ziele einsetzen können. Dieses Buch richtet sich an alle Menschen, ungeachtet ihrer Religion – die jedermanns eigene Sache ist – und Einstellung zu spirituellen Dingen. Die Bibel lehrt, daß die Sonne für die Gottesfürchtigen und die Gottlosen gleichermaßen scheint, ebenso wie der Regen für alle fällt. Wie andere Wohltaten gibt es auch die *Selbsthypnose für alle*.

Man kann die Hypnose auch rein materialistisch begründen. Sie läuft nach neurologisch nachweisbaren Gesetzen ab; die sich ergebenden Phänomene sind absolut natürlich. An der Hypnose ist wirklich überhaupt nichts, was übersinnlich wäre. Etwas rein materialistisch erklären zu können heißt nicht, daß damit auch schon alles zu dem Thema gesagt ist. Jeder Mensch hat einen Körper, er kann aber auch wesentlich mehr sein als das. Biologie ist die Wissenschaft vom ›Leben‹, und wenn wir von Leben sprechen, beziehen wir uns zwangsläufig auf Biologie. Unter Leben verstehen wir aber normalerweise auch viel mehr als nur biologische Abläufe.

Geistige Werte sind ein Teil des menschlichen Lebens und niemand, der sich ernsthaft mit der Natur des Menschen beschäftigt, kann die Einwirkung der jahrtausendealten Weisheit ignorieren, die immer eine transzendente Vorstellung oder ein Grundprinzip – genannt ›Gott‹ – gekannt hat, und die Beziehung des Menschen zu diesem Gott.

›Normale‹ Schuldgefühle

Ich befand mich bei meiner Arbeit mit Patienten, die unter schweren Schuldgefühlen litten, manchmal in einem ethischen Konflikt. Schuldgefühle sind psychologisch gesehen destruktiv, aber es führt deshalb nicht jedes zu einem krankhaften Erscheinungsbild. Schuldgefühle sind nur dann neurotisch, wenn sie sozusagen ›unverdient‹ bestehen oder im Vergleich zur Ursache unverhältnismäßig groß sind. Die meisten Menschen, die Schuld auf sich geladen haben, leiden nicht unter einem Schuldkomplex. Ganz im Gegenteil, man findet kaum einen Menschen, der vom moralischen Standpunkt aus schuldig ist und deshalb einen ›Komplex‹ hat! Sie könnten wahrscheinlich alle Kriminellen in den Gefängnissen auf der ganzen Welt dazu befragen und würden nicht einen einzigen finden, der einen Schuldkomplex hat. Nur ›gute Menschen‹ – die aufrichtigen und gewissenhaften – leiden unter ›Schuld‹. Es besteht nur dann eine Neurose, wenn es keinen wirklichen Grund dafür gibt oder wenn der Grund dafür in keinem Verhältnis dazu steht.

Wenn zum Beispiel ein Mensch unter ständig größer werdenden Schuldgefühlen deshalb leidet, weil er vor zehn Jahren eine Briefmarke gestohlen hat, dann ist sein Schuldgefühl offensichtlich überproportional groß. Noch schlimmer ist es bei den Menschen, die sich ständig schuldig fühlen, ohne zu wissen, warum. Sie können sich nicht vorstellen, was sie Schreckliches getan haben müssen, um sich so elend zu fühlen. Diese Art von Schuldgefühlen sollte mit einem Psychotherapeuten besprochen werden. Auch die Hypnotherapie kann in solchen Fällen sehr viel helfen.

Bei vielen Menschen sind die Schuldgefühle, unter denen sie leiden, einfach die logische Konsequenz davon, daß sie die üblichen moralischen und ethischen Regeln ständig verletzen. Sie nützen die moralische Integrität anderer aus oder vergewaltigen sie sogar und handeln bewußt gegen ihre eigenen moralischen oder auch religiösen Überzeugungen, bis die Last dieser Schuld (über das Unterbewußtsein) emotionale oder psychosomatische Probleme hervorruft, die der Behandlung bedürfen. Wenn solche Menschen nicht bereit sind, ein anderes Leben zu beginnen, müssen sie entweder mit ihren Krankheitssymptomen weiterleben oder sie verlieren ihre ethischen Grundsätze.

Ich bin der Überzeugung (was manche vielleicht exzentrisch finden), daß die Fähigkeit, anderen als Therapeut zu helfen, ein Gottesgeschenk ist und nicht dazu eingesetzt werden sollte, den Klienten eine den ethischen Grundsätzen widersprechende Ausbeutung ihrer Mitmenschen zu erleichtern. Jede ›Anpassung‹ an Lebensumstände, bei der persönliche Prinzipien aufgegeben werden müssen, ist an sich unmoralisch und widerspricht den ethischen Grundsätzen.

Wenn Sie diesen Teil des Buches lesen, gehe ich davon aus, daß Sie ein Mensch sind, dem religiöse und geistige Werte etwas bedeuten und Sie deshalb bereit sind, sich gemäß den überall auf der Welt geltenden Grundsätzen von Gut und Böse zu verhalten.

Geistige, ethische und religiöse Werte sind nicht unbedingt identisch. Wir wollen uns hier mit der geistigen Weiterentwicklung beschäftigen, die nichts mit religiösen Dogmen zu tun hat, und mit dem seelischen Wachstum eines Menschen, unabhängig von der Zugehörigkeit zu einer Kirche.

Es mag zwar überflüssig sein, sollte aber dennoch nachdrücklich festgestellt werden, daß Hypnose und Religion sich nicht widersprechen. Hypnose und Selbsthypnose haben einen ganz engen Bezug zu allen Dingen, die den Geist betreffen und sind daher auch untrennbar mit dem religiösen Leben der Menschen verbunden.

Meditation

Alle Mystiker der Vergangenheit, die für sich in Anspruch nahmen, ganz enge und persönliche Erfahrungen mit Gott gehabt zu haben, hatten eines gemeinsam: die Meditation. Läßt man die philosophischen Ansprüche beiseite, dann ist die Meditation eine geistige Aktivität, die durch körperliche Entspannung, eingeengte Wahrnehmung und Visualisierung erhabener Themen charakterisiert ist. Meditation bedeutet kontrollierte Aufmerksamkeit oder mühelose Konzentration. Dies ist unschwer als ein der Selbsthypnose ähnlicher Zustand zu erkennen; er ist damit sogar identisch!

Die Menschen in alter Zeit konnten stundenlang im Freien sitzen und ganz allein den Sternenhimmel betrachten. Sich geistig zu versenken war wesentlich einfacher, als es die Geräusche und Ablenkungen der mechanisierten Zivilisation noch nicht gab. Im Leben der Schafhirten und Nomaden gab es genug Raum zum Philosophieren; wer über Gott und seine Werke nachdenken wollte, konnte das nach Herzenslust tun.

Eine solche Meditation (oder der Hypnose ähnliche Betrachtung) wurde durch die Umstände und mehr noch durch die Haltung anderer Menschen begünstigt. Die Meditation war die Art des Denkens, die den Menschen am meisten lag. *Die Meditation war anerkannt.*

Als die menschlichen Gemeinschaften vorwiegend landwirtschaftlich orientiert waren, hatte man Zeit, über geistige Dinge zu meditieren. Als die Zivilisation noch nicht so weit fortgeschritten war, daß man die Nacht zum Tag machen konnte, waren Sonnenuntergang und Abenddämmerung die Zeit der stillen Meditation. Meditieren war etwas, was jeder tun konnte, und es wurde geschätzt.

Das moderne städtische Leben in der westlichen Welt ist auch als ›kompliziertes System‹ beschrieben worden, durch das wir ständig beschäftigt und nervös sind. ›Ständig beschäftigt sein‹ ist eine moderne Tugend, und die Meditation ist das Gegenteil. Die meisten Menschen halten aus diesem Grund Meditation für Zeitverschwendung, und deshalb wird sie oft nicht anerkannt.

Im Gegensatz dazu wurde die Meditation in den Ländern des Orients jahrhundertelang sehr geschätzt. Ganz gleich, wie begrenzt der Wohnraum war, man erwartete von jedem Familienmitglied, daß es eine gewisse Zeit in ›geistiger‹ Meditation verbrachte. Im Laufe der Zeit wurden dazu verschiedene Techniken entwickelt, und in den Kulturkreisen, wo die Meditation am meisten geachtet wurde, wurde jeder Mensch in dieser Kunst unterwiesen.

Da die moderne westliche Welt der Meditation so wenig Wert beimißt, gibt es auch keine Technik, die der Allgemeinheit in dieser Hinsicht vermittelt werden würde. Die Meditation ist eine Denkweise, die nicht sehr geachtet wird; im Gegenteil, sie wird eher in Mißkredit gebracht.

Der Niedergang der Meditation und der ›Spiritualität‹ in der Welt sind gleichzeitig Ursache und Wirkung.

Wenn Sie ›spiritueller‹ werden wollen – das heißt, die Ideale erfahren wollen, an die Sie glauben – müssen Sie die Kunst der Meditation weiterentwickeln, denn dadurch können Sie geistig wachsen.

Die Kunst der Meditation und die Kunst der Selbsthypnose sind ein und dasselbe! Mönche, Mystiker und Yogis haben natürlich ausgefeilte Methoden der Meditation entwickelt; diese in den vergangenen Jahrhunderten erfolgten Verfeinerungen und Erweiterungen sind aber absolut nicht nötig, was bleibt, ist die praktisch anwendbare Technik der Selbsthypnose. In diesem Buch sind Ihnen die besten Methoden der Selbsthypnose vermittelt worden. Sie beherrschen auch bereits *die Technik,* Ihren Geist zur spirituellen Weiterentwicklung einzusetzen. Wenn Sie lernen, die Selbsthypnose auch auf Ihre persönlichen geistigen Wertvorstellungen anzuwenden, können Sie spirituelle Wirklichkeit und Wachstum erfahren!

Für den geistig ausgerichteten Menschen ist die Weiterentwicklung sowohl eine Pflicht als auch ein Privileg. Sie werden – zusammen mit Gott – *ein Schöpfer,* wenn Sie etwas ›aus sich selbst machen‹, ein Vorrecht, das nur der Mensch für sich in Anspruch nehmen kann.

Vereinfachte Metaphysik

Für jemanden, der sich mit Selbsthypnose beschäftigt hat, ist die Metaphysik, über die viele Bücher geschrieben worden sind, leicht zu verstehen. Die Grundsätze der Metaphysik sind ganz einfach, und Sie werden sie nach einer kurzen Wiederholung dessen, was Sie über Ihren Geist erfahren haben, ohne jedes Problem erfassen.

Das Unterbewußtsein beeinflußt den Geist und den Körper. Es ist die unbewußte Quelle des Lebens. Das Unterbewußtsein reagiert nicht induktiv, denn es interessiert nicht, warum etwas geschieht. Es weiß einfach, wie es das tun soll, was es tun soll, nämlich die grundlegenden Vorgänge des Lebens aufrechterhalten und auf Suggestionen reagieren. Die Suggestionen werden als Befehle gewertet, weil das Unterbewußtsein nicht ›Nein‹ sagen kann. Es arbeitet automatisch, man könnte fast sagen ›mechanisch‹. Es weiß nicht, *warum* es etwas tut, und es kümmert sich auch nicht darum; es weiß nur, *wie* es was tun soll. Man kann ihm sagen, *was* es tun soll.

Es ist die grundlegende Annahme der Metaphysik, daß das Unterbewußtsein universal ist, das heißt, es gibt nicht ›mein‹ Unterbewußtsein oder ›dein‹ Unterbewußtsein – es gibt nur *ein* Unterbewußtsein, an dem jeder von uns teilhat. Jeder Mensch ist ein individuelles Zentrum dieses allumfassenden unterbewußten Geistes, ebenso wie eine Welle der individuelle Ausdruck des Ozeans ist. Es gibt charakteristische Ausprägungen, der Kern aber ist gleich. Dieses allumfassende und vom Individuum unabhängige Unterbewußtsein wird als grenzenloser ›Geist‹ betrachtet.

Da es mechanisch auf die Suggestionen oder Befehle (oder Gedanken und Bilder) reagiert, die es empfängt, geht es nicht eigenmächtig vor, sondern gibt jedem Menschen das zurück, was er denkt. Es arbeitet immer auf die gleiche Weise und wird deshalb auch als ›Gesetz‹ bezeichnet. So finden wir in Büchern über Metaphysik die Begriffe ›grenzenlose Weisheit‹, ›allumfassender Geist‹, ›geistiges Gesetz‹ usw., die im Grunde Synonyme für den Begriff ›Gott‹ sind. Da mit dem Begriff ›Gott‹ aber auch bestimmte historische und theologische Bedeutungen verbunden sind, die viele metaphysisch orientierte Menschen nicht akzeptieren können, bezeichnen sie Gott lieber mit Begriffen einer unpersönlichen Kraft.

Metaphysisch ausgedrückt, ist Gott mehr als ›Unterbewußtsein‹, denn dieser Geist denkt auch seine eigenen Gedanken. Das heißt, er ist schöpferisch. Schöpferisch sein wird durch geistige Vorstellungskraft erreicht und durch das Gesetz des Geistes zum Ausdruck gebracht. Gott ist Geist – nicht einer, sondern die Gesamtheit von Geist. Geist ist immerwährendes Denken und daher schöpferisch. Der grenzenlose Geist denkt nicht induktiv, denn er muß nicht nach der Wahrheit suchen. Er ist Wahrheit, Geist und Gesetz in einem.

Daraus folgt logischerweise, daß die Ursache der Dinge in den Gedanken liegt. Das heißt, Dinge sind Gedanken, die durch das ›allumfassende Gesetz‹ zum Ausdruck gebracht werden. Wenn wir also denken, denken wir uns *in* diesen allumfassenden Geist hinein, der aufgrund seiner Gesetzmäßigkeit das Gegenstück zu unseren Gedanken bewirkt. Durch unsere eigenen Gedanken entsteht aus uns das Gute oder das Böse.

Dieser subjektive allumfassende Geist ist in uns allen, und deshalb kann jeder die anderen beeinflussen, nicht absichtlich, sondern kausal. Das offensichtlich Böse auf der Welt existiert nur durch das negative und falsche Denken der Menschen. Der allumfassende Geist ist eine Gesetzmäßigkeit: Er weiß nicht und kümmert sich nicht darum, was er tut, er ist nur schöpferisch gemäß den Gedankenmustern, die er empfängt; er ist absolut unpersönlich. Daraus folgt aber logischerweise, daß wir durch positives, erleuchtetes Denken einen heilsamen Einfluß auf die Menschen haben können.

Das Böse, die Sünde, Krankheit, Armut, Elend und all die anderen negativen Umstände existieren als Erfahrungen, aber nicht als wirkliche Dinge! Sie sind weder eine Psyche noch ein Ort oder eine Sache. Sie sind in Wirklichkeit die Objektivierung von Gedanken und können deshalb durch richtiges Denken korrigiert werden.

Wenn Sie die Wahrheit kennen und das Gesetz anwenden, können Sie Ihre Lebensumstände verändern. Das Gesetz ist so und so wirksam, Sie können also genausogut auf intelligente Weise Ihr Leben zusammen mit dem allumfassenden Geist gestalten.

Es ist eine logische Folgerung aus der metaphysischen Lehre, daß wir über das Unterbewußtsein Zugang zu Gedanken haben, die weit über unser Wissen und unsere eigenen Erfahrungen hinausgehen, denn es ist wirklich ein allumfassendes und unbegrenztes Wissen, an dem alle Menschen teilhaben. Da das (wie wir annehmen) so ist, können wir durch dieses Medium auf telepathischem Wege eine Kommunikation herstellen.

Darum geht es bei der Metaphysik – vereinfacht gesagt. Ob Sie daran glauben wollen oder nicht, steht Ihnen frei. Sicher ist eine bestimmte Auffassung nicht unbedingt richtig, wenn man die Wörter mit Großbuchstaben beginnt. Es ist wie bei anderen Dingen auch: Wenn Sie es ausprobieren und gut finden (das heißt, wenn sich Ihnen die Wahrheit zeigt, wie man sagt), dann werden Sie natürlich damit weitermachen. Es macht wirklich keinen großen Unterschied (wenn überhaupt), was Sie davon halten, denn *mit der Selbsthypnose kommen Sie immer zu einem positiven Ergebnis,* ob dabei nun Ihr persönliches Unterbewußtsein am Werk ist oder der allumfassende Geist!

Die Metaphysik ist eher philosophisch als religiös ausgerichtet. Es ist eine Art, über das Denken zu denken. Sie müssen weder Ihr Bekenntnis noch die Kirche wechseln, sondern nur die Konzeptionen (praktisch die Methode der Selbsthypnose) zu Ihrem gegenwärtigen religiösen Denken hinzunehmen. (Ich selbst bin Mitglied einer großen orthodoxen Konfession und spreche jede Woche mit Aufrichtigkeit und Überzeugung das althergebrachte Glaubensbekenntnis. Alle meine metaphysischen Erkenntnisse fügen sich problemlos in meine allumfassende Lebensphilosophie ein.)

Wenn der Mensch nach dem ›Vorbild Gottes‹ erschaffen worden ist – was immer das bedeuten mag – dann kann uns das Studium des menschlichen Geistes auch in Grenzen einige Wahrheiten über den Geist Gottes lehren. Die hypnologischen Interpretationen der Psychologie und die metaphysischen Interpretationen des Lebens sind miteinander vereinbar und haben vieles gemeinsam.

Ob sie identisch sind, ist eine fiktive Frage, die in der Praxis ziemlich unwichtig ist – wenn Sie die Selbsthypnose praktizieren!

Erfahrungen mit Gott

Wenn Sie mehr von Gott erfahren wollen als gegenwärtig, dann ist ein Ausgangspunkt dazu anzuerkennen, daß es möglich ist, denn es ist auch schon anderen gelungen. Diese Menschen sind zwar einzigartig als Individuen, genau wie Sie, haben aber nicht allein die Befähigung dazu. Sie verfügen nur über bestimmte Voraussetzungen und Techniken – nämlich die Voraussetzungen und Techniken der Selbsthypnose!

Wenn Sie Gott erfahren wollen, müssen Sie sich selbst die folgenden Fragen stellen und die erhaltenen Antworten gut überdenken:
1. *Welcher* Gott? Aufgrund dessen, wie der Geist arbeitet, werden Sie nur den Gott erfahren, an den Sie glauben.
2. *Wo* werden Sie Gott erfahren? Sie können Gott nur durch Ihren Geist kennenlernen und erfahren, denn nur dadurch erkennen Sie etwas. Glaube und Gefühl sind zwei verschiedene Funktionen des Geistes, und Sie werden Gott nur durch die Vorstellungen von Gott erkennen, die in Ihrem Geist sind.
3. *Wann* erfahren Sie Gott? Die einzige Antwort darauf ist: wann immer Sie wollen.

4. *Wie* erfahren Sie Gott? Die Menschen haben Gott im Verlauf der Geschichte zwar auf jeweils verschiedene Weise erkannt, die allerdings in allen Religionen gleich ist, nämlich durch:
   a) Anbetung – einzeln oder in Gruppen;
   b) Studium – das Lesen heiliger Schriften;
   c) Meditation – innerliche Betrachtung der Lehre;
   d) Gottesdienst – d. h. die spirituellen Segnungen zeitweilig mit anderen teilen.

Im Grunde genommen gehen spirituelle Erfahrungen *von innen nach außen*. Das heißt vereinfacht ausgedrückt, daß sie über Ihr Unterbewußtsein zum Tragen kommen und daß Sie Ihr Unterbewußtsein durch Selbsthypnose beeinflussen können.

Sie können davon ausgehen, daß Ihr Unterbewußtsein mit spirituellen Wahrheiten angefüllt und durch sie verstärkt ist, die dann auf Ihr Leben im allgemeinen umgesetzt werden. Welche sind nun die spirituellen Wahrheiten, mit denen Sie Ihren Geist erfüllen können? Es können ›Meditationen‹ oder ›Beteuerungen‹ sein, die Sie in den Andachtsbüchern Ihrer Religionsgemeinschaft finden; Sie können aber auch eigene festlegen, die mit Ihrer Glaubensrichtung übereinstimmen und sie als Suggestionen bei Ihren Selbsthypnose-Sitzungen verwenden.

Ich persönlich bin dafür, geeignete Verse aus der Heiligen Schrift zu verwenden, da sie viele Jahrhunderte überdauert haben.

Ob es für Sie nun wirklich das ›Wort Gottes‹ ist oder nur die Quintessenz großer spiritueller Erkenntnisse weiser und guter Menschen im Verlauf der Geschichte – sie können auf jeden Fall viele Empfehlungen nachweisen, und Sie können sie deshalb vertrauensvoll verwenden.

Die Selbsthypnose kann Ihnen keinen Glauben oder eine Religion geben, sie kann aber den Glauben oder die Religion, die Sie bereits haben, verstärken. Ihr Unterbewußtsein ist nicht – wörtlich genommen – dasselbe wie Gott. Es ist aber sicher der Teil von Ihnen, mit dem Sie ›Gott‹ intensiver erfahren können.

Quellenverzeichnis

1 Ambrose, G., Van Pelt, S., and Newbold, G. *Medical Hypnosis Handbook,* Hollywood, California: Wilshire Book Co., 1960.
2 Aveling, F., and Hargreaves, H. ›Suggestibility With and Without Prestige in Children‹. *British Journal of Psychology.* 1921–2, 12, 53–75.
3 Baudouin, C. *Suggestion and Autosuggestion.* Translated by E. and C. Paul. New York: Dodd, Mead & Co., 1922.
4 Bernays, E. *The Engineering of Consent.* University of Oklahoma Press, 1955.
5 Bryan, W. ›The Use and Abuse of Hypno-Aids‹. *The Journal of the American Institute of Hypnosis,* Vol. 6, No. 4.
6 Caprio, F., and Berger, J. *Helping Yourself With Self-Hypnosis.* Englewood Cliffs, NJ: Prentice-Hall, 1963.
7 Coué, E. *Self Mastery Through Conscious Autosuggestion.* New York: American Library Service, 1922.
8 Coué, E. *How To Practice Suggestion and Autosuggestion.* New York: American Library Service, 1923.
9 Dunlap, K. *Habits, Their Making and Unmaking.* New York, Liveright, 1949.
10 Ellis, A. ›Rational psychotherapy; the treatment of a homosexual with rational psychotherapy; the treatment of a psychopath with rational psychotherapy, etc.‹, reprinted in Eysenck, H. *Experiments in Behavior Therapy.* New York: Macmillan. A Pergamon Press Book, 1964.

11 Estabrook, G. ›A standardized hypnotic technique dictated to a Victrola record‹. *American Journal of Psychology.* 1930, 42, 115–116.

12 Freud, S. *The Ego and the Mechanisms of Defence.* London: Hogarth Press, 1937.

13 Freud, S. *An Outline of Psychoanalysis.* New York: Norton, 1949.

14 Freud, S. *The Question of Lay Analysis.* New York: Norton, 1950.

15 Hakebush, Blinkowsi and Foundillere. ›An attempt at a study of development of personality with the aid of hypnosis‹. Trud. Inst. Psikhonevr. Kiev: 1930, 2, 236–272.

16 Johnson, W. *Verbal Man: The Enchantment of Words.* New York: Collier Books, 1965.

17 LeCron, L. *Self Hypnotism: The Technique and its Use in Daily Living.* Englewood Cliffs, NJ: Prentice-Hall, 1964.

18 Livingood, F. ›Hypnosis as an Aid to Adjustment‹. *Journal of Psychology.* 12: 203–207, 1941.

19 Marcuse, F. *Hypnosis: Fact or Fiction.* Baltimore: Penguin Books, 1959.

20 Merloo, J. ›Television Addiction and Reactive Apathy‹. *Journal of Nervous and Mental Diseases.* Vol. 120, 1954.

21 Merloo, J. *The Rape of the Mind.* New York: The University Library, Grosset & Dunlap, 1956.

22 Miller, J. ›Unconscious Processes and Perception‹. Chapter 9 in Blake and Ramsey, *Perception: An Approach to Personality.* New York: Ronald Press, 1951.

23 Nirenberg, J. *Getting Through To People.* Englewood Cliffs, NJ: Prentice-Hall, 1963.

24 Papov, E. ›Suggestibility and Automaticism in School Children‹. *Propilaktecheskaya Medetsina.* 1926, 5, 68. Reported by Coffin, T. ›Some conditions of suggestion and

suggestibility: a study of certain attitudinal and situational factors influencing the process of suggestion‹. *Psychological Monographs.* No. 4, 53, 1941.

25 Rhodes, R. *Hypnosis: Theory, Practice, and Application.* New York: Citadel Press, 1950.

26 Rowland, L. ›Will Hypnotized Persons Try to Harm Themselves or Others?‹ *Journal of Abnormal Social Psychology.* 1939, 34, 114 bis 115.

27 Salter, A. *Conditioned Reflex Therapy.* New York: Farrar, Straus, 1949; Capricorn Books, Putnam, 1961.

28 Salter, A. *The Case Against Psychoanalysis.* New York, Holt, Rinehart & Winston, 1952.

29 Sperling, G. E. ›The Interpretation of Trauma as Command‹. *Psychoanalytic Quarterly.* Vol. 19, 1950.

30 Thigpen, C., and Cledkley, H. ›Some Reflections on Psychoanalysis, Hypnosis, and Faith Healing‹. Chapter 7 in Wolpe, J., Salter, A., and Reyna, L. *The Conditioning Therapies: The Challenge in Psychotherapy.* New York, Holt, Rinehart & Winston, 1964.

31 Van Pelt, S. *Hypnotism and the Power Within.* New York: Wehman Brothers, 1954.

32 Weitzenhoffer, A. ›The Production of Antisocial Acts Under Hypnosis‹. *Journal of Abnormal Social Psychology.* 1949, 44, 420–442.

33 Weitzenhoffer, A. *Hypnotism: An Objective Study in Suggestibility.* New York: Science Editors, John Wiley, 1963.

34 Wolberg, L. *Medical Hypnosis.* New York: Grune & Stratton, 1948.

Register

Anthropologie 21 f.
Arbeitsblätter 130–140, 148
– zum familiären Selbst 134 f.
– zum moralisch-ethischen Selbst 132 f.
– zum persönlichen Selbst 130 f.
– zum physischen Selbst 130 f.
– zum sozialen Selbst 136 f.
Augenentspannung 106-112
Augenfixierung 106 ff.
Autosuggestion 82, 89, 92 f.

Bernheim, Hippolyte 107
Bewußte(s), Bewußtsein 53
Bewußtseinserweiterung 121
Beziehungen, zwischenmenschliche 16
Braid, James 106, 108
Brüderlichkeit, Bruderschaft 21 f., 38

Chromosomen 35 f.
Coué, Emile 18 f., 148, 157

Darwin, Charles 34
Defizitmotivation 8
Denken, negatives 117–121
Denken, positives 126 f., 144, 149
Drogen, psychedelische 121 f.

Ehepartner 31 ff.
Eintönigkeit 13
Einzigartigkeit 24
(s. a. Individualität)
– physische 25–28
Elman, Dave 107, 110
Emotionen 50
Entscheidung 51
Entscheidungsunfähigkeit 13
Entspannung 141, 143
– der Augenlider 106–112
–, progressive 98–102, 116, 144 ff.
– Sofort- 103–113, 116, 144, 146

Erfahrungen, spirituelle 173 ff.
Es 52–55

Familie, Familienstruktur 29 ff.
Fingerabdrücke 26 f.
Freud, Sigmund 34, 52–55
Frustration 14

Gedankenmuster 61, 86 f.
Gene, Genetik 34 f.
Gewissen s. Über-Ich
Gleichheit 24
Groddeck, Georg 54 f.

Hayakawa, S.I. 123
Hill, Napoleon 118
Homosexualität 45 f.
Hypersuggestibilität 83, 86, 93
Hypnoanalyse 18
Hypnose, Hypnotherapie 19, 60, 88–92

Ich 52
Ich-Generation 16
Identifizierungsmerkmale 26 f.
Individualität 21, 23 ff., 34, 38
Interaktion 48 f.

Janet, Pierre 55
Jung, Carl G. 52

Kindheitserfahrung 30 f.
Kommunikationstheorie 85

Konzentration 141
Konzentrationsfähigkeit 143
Körper 37 f.
Krankheiten, körperliche 91
Krankheiten, psychosomatische 83, 91

Langeweile 13
Lesetherapie 127
Libido 52 f.

Maslow, Abraham 8
Meditation 167 ff.
Merkmale, anatomische 26 f.
Mesmer, Anton 105 ff.
Mesmerismus 105 f.
Methaphysik, metaphysische Lehre 169–173

Persönlichkeitsentwicklung 37 f., 34
–, gesunde 126
Persönlichkeitsmängel 19 f.
Persönlichkeitsprobleme 15 f., 18, 89 ff.
Persönlichkeitsstruktur 20
›Positionspsychologie‹ 29
Probleme, persönliche 14 f.
Projektionstest 18
Psyche, Struktur der 53
Psychotherapie, rationale 60–63, 82

Salter, Andrew 49
Schuldgefühle 84
–, normale 165 ff.

Seele 40
Selbst 39–51, 58–92
–, bewußtes 52
–, familiäres 41, 133
– – Arbeitsblatt zum 134 f.
–, metaphysisches 40
–, moralisch-ethisches 41, 131
– – Arbeitsblatt zum 132 f.
–, ontologisches 39 f.
–, persönliches 41, 137
– – Arbeitsblatt zum 138 f.
–, phänomenologisches
40 ff., 45, 47, 58
–, physisches 41, 46, 128
– – Arbeitsblatt zum 130 f.
–, Planung des 47–51, 116
–, potentielles s. zukünftiges
–, soziales 41, 46, 135
– – Arbeitsblatt zum 136 f.
–, zukünftiges 58 f, 128–131, 140 f.
Selbstbild 41, 44, 124–127
–, physisches 128
– Veränderung des 44, 48 f.
Selbstdisziplin 17 f.
Selbsterhaltungstrieb 43
Selbsterkenntnis 17 f., 39
Selbsthypnose
– Grundlagen der 92–97, 109–114
– Hauptbestandteile der 141 f.
– im Liegen 97
– im Sitzen 97, 101, 145
– Planung der 144–148
– Vorsichtsmaßnahmen bei 113 f.

Selbstkontrolle 124 f.
Selbstverwirklichung 14
Selbstwertgefühl 137
Sinneswahrnehmung 61
›Stimmabdrücke‹ 27
Störung, seelische 83
Suggestion, Suggestibilität 82
– Formulierung der 148–151
–, hypnotische 84 f., 89
–, konstruktive 145
–, positive 96, 157
–, posthypnotische 84, 127
–, verbale 106
›Symptomersatz‹ 20

Temperamente, unterschiedliche 28–33
Testmethoden, psychologische 18, 41
Trance, hypnotische 84, 93–97, 101, 145
Traumata 83
–, psychische 84
Treffsicherheit, geistige 152–160

Über-Ich 52 f.
Umgebung 48
– Beeinflussung der 48
Umwelteinflüsse 12
Unbewußte(s) 52 f., 82 f.
– Archetypen des 54
– des Kindes 85
–, kollektives 54

Unterbewußte(s), Unterbewußtsein 51–56, 160 ff., 169–173
Unterschiede, charakterliche 33 f.
Ursachenforschung, psychopathische 84

Verdrängung 84
Vererbung 12, 34 ff.
Verhalten 86 f.
Verhaltensänderung 43
Verhaltensmuster 20, 61 f., 91 f.
Verhaltensstörung 63
Versagen 13 ff.
–, berufliches 14
–, schulisches 14
Visualisierung 51, 117, 141 f., 144
Vorbewußte(s) 53, 55
Vorstellungen 65–82
–, irrationale 65 f., 68, 70, 72, 74, 76, 78, 80, 88, 155
–, rationale 65, 67, 69, 71, 73, 75, 77, 79, 81, 88 f., 92, 148, 155
Vorstellungskraft 19 f.

Wachstumsmotivation 8
Wahlmöglichkeiten 12
Wahrnehmungen 48, 51
Wahrnehmungs-Psychologie 42, 44
Weiterentwicklung, persönliche 12 f.
– Programme zur 16, 154 f.
– Selbsthypnose zur 14–21
–, spirituelle 164 f., 173 ff.
– Verhinderung der 13
– Voraussetzung zur 117
– Ziele der 152 f.

Wertsysteme 61–82
–, irrationale 64
–, rationale 64
Willenskraft 18 f.

HEYNE RATGEBER

Rat und Hilfe bei den Krankheiten unserer Zeit

08/9277   08/9204   08/9291

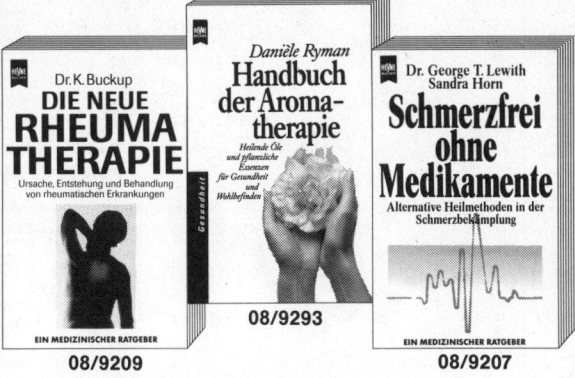

08/9209   08/9293   08/9207

Über alle bei Heyne erschienenen Gesundheits-Ratgeber
informiert ausführlich das Heyne-Gesamtverzeichnis.
Sie erhalten es von Ihrer Buchhandlung
oder direkt vom Verlag.

Wilhelm Heyne Verlag München

HEYNE RATGEBER

Mehr Lebensqualität.
Besser und gesünder leben

Lebenshilfe

Über alle bei Heyne erschienenen Lebenshilfe-Ratgeber
informiert ausführlich das Heyne-Gesamtverzeichnis.
Sie erhalten es von Ihrer Buchhandlung
oder direkt vom Verlag.

Wilhelm Heyne Verlag München